思考的力量

気づくだけで人生が好転する 思考のレッスン

「察覺」帶來的人生轉變

大石洋子

前言

大家好！我是「思考的學校」校長大石洋子。

常有人問我：「思考的學校都在做什麼？」

用一句話總結，就是學習如何過更快樂的人生，開創幸福的未來。

說什麼快樂，什麼幸福……現實才不會這麼輕鬆快活、光明燦爛呢。

應該有很多人會這麼想吧。事實上，我以前也是這麼想的。

請容我先做個簡單的自我介紹。

我離過一次婚，有小孩，長年從事心理諮商的工作。雖然是面對人心的職業，我本身內心卻非常脆弱，充滿糾葛。

不論是在人際關係、夫妻關係，還是經濟方面……都是諸事不順。我過得很消極、退縮，甚至認為：「反正我的人生就這樣了。」

就在這時，我接觸到「不論哪種現實，都是自己思考所創造」的概念。

咦，連這麼痛苦的現實，也是我創造的？

一開始我還半信半疑，不過在內心承認「好像是這樣」後，人生就像黑白棋般陸續翻轉，開始變得愈來愈順遂。

原來人真的可以活得這麼幸福！

我們可以按照自己的想法，創造自己的人生！

我從沒感受過這麼開心的衝擊。

本書接下來要闡述的，就是我親身體驗過，能為人生帶來驚人變化的方法。

我們活在這世上，不是只能任憑命運擺佈。

一切都是由自己創造，所以只要一個轉念，一切都會跟著改變。

好啦，現在就來開始上第一堂思考課吧！

現實是由你的思考所創造，
有如一部自導自演的電影。
如果想讓劇情更美好，
你可以自己改寫情節，
而且要怎麼改都可以。

「思考的學校」校長　大石洋子

Part2

準備開啟潛意識的大門 ~察覺思考的練習~

Part3

重設思考習慣，讓自己更快樂！

Part4 讓造成困擾，帶來麻煩的人不再靠近的思考法

Part5

讓幸福長長久久！如何創造最理想的伴侶關係

Part6 只要察覺，錢財就會滾滾來！

Part7

實現夢想的思考法

Prologue

認真改變
平淡無奇的人生！

潛意識是什麼？

人生不能隨心所欲，十分無趣。

許下願望，願望卻無法實現。

總是為了人際關係猶豫再三，百般煩惱。

總覺得人生平淡無奇、不上不下，跟想像的不一樣……

不過，我有方法讓這樣的人生一百八十度大轉變，從此一帆風順。

不必借助別人的力量，也不需要強大的意志力和行動力。

這方法就是改變自己的思考方式。

這裡的改變思考方式，並不是「別往壞處想」或「好壞都在一念之間，別太在意」之類的老生常談。

接下來，我們要一起進入潛意識的領域。

潛意識是我們沒有自覺的意識，佔了全體意識的95%，有自覺的顯意識則僅佔5%。平常我們以為自己是依照自己的想法，有意識地在行動，但其實受潛意識操控，做出無意識行為的情況更常見。

比如當你快遲到時，拚命找藉口的是顯意識，而讓你胸中忐忑不安，煩惱「該怎麼辦」的，則是潛意識。

在潛意識裡，貯存著你過去感受過、思索過的一切（在本書中統稱思考）。這份忐忑的真正原因，可能是擔心「又要被課長念個沒完」，也可能是「害怕」以前同事看自己的輕蔑眼神。

這些情緒會無預警地突然冒出來。如果是顯意識，我們則會冷靜地想：「我要先用轉車APP查好班次，再以最快速度梳洗。只要早個一分鐘，就能滑壘成功！」然而，潛意識裡的負面記憶卻偏偏甦醒，讓你莫名地採取像是「啊～真討厭，乾脆今天請假算了」之類的極端行動……

不愧是佔比高達九成五的潛意識之力，實在太可怕了。

眼前的現實，是倒映在鏡中的你

對於潛意識，你是不是比較有概念了呢？

接下來我們就進入主題。

先從結論開始說。**其實現在你眼前的現實，都是潛意識裡累積的過去想法所創造的。**

舉例來說，假如你的潛意識累積了「想吃草莓蛋糕」的想法，當朋友某天來家裡玩時，可能就會帶蛋糕當伴手禮。

如果累積的是「不知道○○現在好不好」的想法，可能就會在車站和○○不期而遇。

「哇！怎麼這麼巧？我還在想妳最近過得怎樣呢。」

你一定覺得很驚喜，但這不是湊巧，更不是魔法。當某個想法在你的潛意識裡累積到一定的數量，就會在你眼前出現。是你自己讓它實現的。

在這裡，我要分享一個實際的案例。

常有母親為了孩子不肯上學的問題找我諮詢。

A也是其中一人。她的孩子已經好幾年沒去學校，成天只會關在房裡打電動，也很少跟父母說話。A只要開口，那孩子就會吼道：「吵死了，不要管我！」甚至破壞家中物品，讓A實在束手無策。

這種時候，絕大部分的母親都會苦思：「該怎麼做才能改變那孩子？」她們有的向這方面的專家尋求建議，有的閱讀能派上用場的書籍，有的則直接幫孩子轉學……總之就是拼命想方設法，企圖為孩子做些什麼。

不過，其實她們什麼都不必為孩子做。

因為這個現實是她們自己，也就是這些母親的想法創造出來的。該改變的不是

孩子，而是母親。是母親要改變自己的想法才對。

於是我請A讓我觀察她的潛意識，看看究竟有什麼想法（至於方法，我會在Part2詳細說明）。

挖掘A的記憶後，才知道她小時候非常討厭上學，討厭得不得了，而且每次一有事就心浮氣燥，還會亂扔東西，捶打牆壁。

現在的A文靜又優雅，實在看不出以前是這種個性。但那充滿攻擊性的想法，如今也依然在她的潛意識裡沉睡。

就在A察覺和接受這一點後，她的孩子突然開始去學校了。她沒有拜託孩子去上學，也沒有改變對待孩子的方式。

母親的想法一改變，現實就變了。

你可能會想：「這怎麼可能!?」但至今為止，所有為了相同困擾前來諮詢的人，幾乎都是靠這個方法解決問題。最快只要三個月，最慢不過半年，那些原本讓他們快要絕望的現實，就有了轉變。

即使顯意識許下「希望找到理想對象」的願望，如果佔意識九成五的潛意識認為「反正我就是沒人愛」，出現的就是沒人愛你的現實。

即使顯意識許下「希望成為有錢人」的願望，如果潛意識認為「我父母也很窮，我不可能有錢」，實現的就是每個月錢不夠用的現實。

◎這意思是我有錯嗎？都要怪我嗎？

⬇請別擔心。思考課並不是要判定你的行為「是好是壞」。**這只是用來了解「自己的潛意識裡有哪些想法成為現實」，並療癒那些地方而已。**

◎不、不、不……這只是偶然吧

不，一切都是你創造出來的。

如果你認為現實是隨機形成，跟你的思考毫無關聯，眼前的現實就不可能改變。但要是相信「不管什麼都是由自己創造」，你就愈能隨心所欲地改變現實。

既然如此，乾脆就這麼想還比較有利，不是嗎？

◎反正也改變不了

如果這麼想，就只能一輩子過一成不變的日子。

◎我果然還是無法相信

潛意識是肉眼看不到的。你可以相信，也可以不信。

不過還是請你就當成實驗，姑且相信一次吧。就算抱著「喔～這樣啊」的心情去嘗試也無妨。

我也會為你加油。希望這會是一個契機，讓你能往前邁出一步。

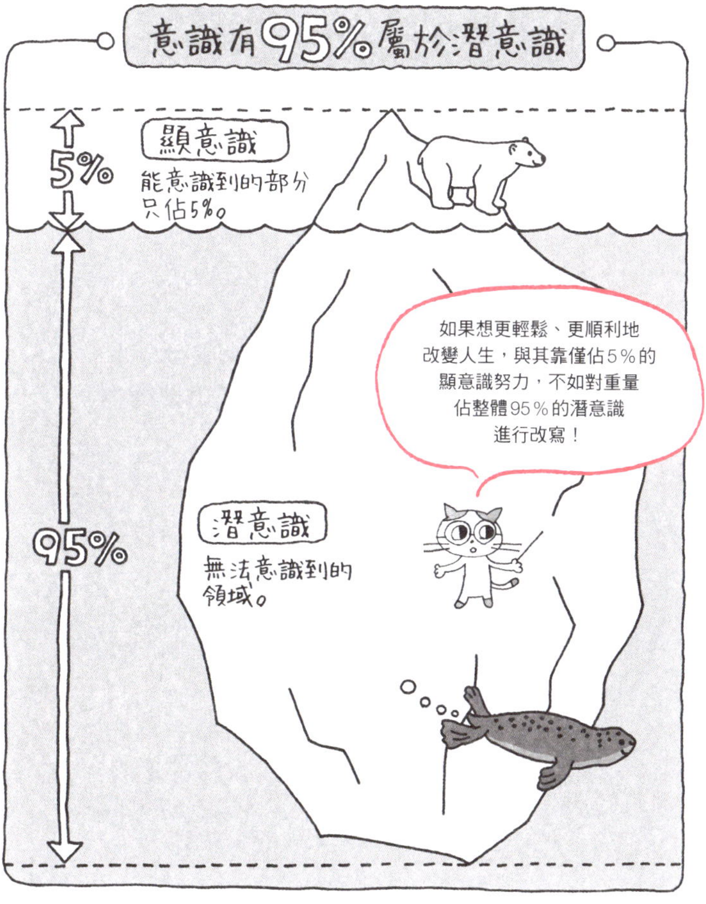

顯意識和潛意識常被比喻為冰山。漂浮在海面上的可見部分是顯意識，只佔整體的5％。水面下看不見的部分是潛意識，佔整體的95％。最近出現另一派說法，主張顯意識只佔區區1％，其餘99％都是潛意識。也就是說，我們有自覺的意識，其實也不過是冰山一角。

Prologue重點歸納

意識有95%是
無法自覺的。

現實的一切
都是由你所創。

如果想
改變對方，
只需改變
自己的想法。

有什麼想法
都沒關係。
想法沒有
好壞之分。

Part1

從童年的「誤解」畢業

即使是不願回想的親子關係，還是希望你能想起

- 反正沒人會愛我 ⬇ 眼前出現的每個人都不會愛你。
- 那種人最好失敗 ⬇ 是你失敗。
- 我總是抽到下下籤 ⬇ 無法抗拒的現實，如排山倒海而來。

你的所思所想（思考）都會像這樣化為現實。

不過當我傳達這個觀念時，總會有人反駁：「我才沒有這麼想。」

沒錯，現在的你或許沒這麼想。**但思考要化為現實，是需要時間的。**在潛意識深處沉睡已久，被忘得一乾二淨的想法，會在某天突然出現在眼前，成為讓你困

擾煩惱的根源。

構成這些想法的基礎，是0到6歲的記憶。

在0到6歲這段期間，我們自己什麼都做不了，只能依賴父母，所以幾乎所有想法都來自於我們和父母的關係。

比如父母都忙於工作時，會產生「我不受重視」的想法。如果挨罵，也會萌生「我被人討厭」的想法。

其實沒有父母不重視子女，這些想法完全是誤解。但畢竟年幼的頭腦還無法體會大人的心境，導致誤解就此牢牢地深植於潛意識中。

重新檢視與父母的關係，人生就會好轉

我本身也是如此。曾經非常討厭父母。

念小學時，我不曾像其他孩子一樣和父母開心地聊天。升國中後，我更是完全

拒絕交流，一句話也不肯對父母說。進高中後，我果不其然結交了一群小混混，也在外面闖過好幾次禍。

照理來說，叛逆期到了某個年紀就會結束，但我卻是徹頭徹尾的拗脾氣。高中一畢業，我就立刻離開老家，連結婚也不通知父母一聲。

現在回想起來，我討厭父母的理由都是些芝麻蒜皮小事。看到父母在妹妹出生後，把全部心力放在育嬰上，我就擅自以為「他們不愛我」「反正妹妹比我可愛」，為此黯然神傷，但這完全是我的誤解。

一開始或許只是微不足道的誤解。但如果誤解在潛意識中不斷累積，最終就會化為現實。

長大後，我出社會認真工作，也有了自己的家庭。然而，我心裡卻一直抱著難以平息的缺憾，終日惶惶不安。

不管做什麼，我都會莫名地缺乏自信，覺得我這種人沒有價值。在建立人際關係時，態度也總是扭扭捏捏、畏畏縮縮，心裡總想著「對不起，我這種人不值得被愛」。

當時我的人生真的是一團糟。不論工作、收入，還是夫妻關係，沒有一樣是順利的。

「唉，活著真痛苦……」

後來，為此苦惱的我透過學習，了解到「是我自己創造出這個充滿煩惱的現實，與他人無關」。

於是，原本厭惡父母的我盡釋前嫌，與父母的感情急遽變好。**不僅如此，連周遭的一切也都跟著開始好轉。**

這種感覺，就彷彿眼前上演的電影主角明明還是我，劇情卻忽然一改之前的沉重，變得活潑歡樂一樣。

有人說，不想回憶童年的往事。

也有人把記憶鎖上，當作父母不曾存在。

不過，還是請你稍微鼓起勇氣，試著回想童年時的自己。在這些回憶中，肯定藏著能幫助你改變人生的提示。

潛意識不會遺忘

從親子關係中產生的想法，會以各種煩惱和麻煩的形式顯現。

前些日子，我遇到一件事。當時我和幾個朋友聊天，其中一人說：

「你們不覺得最近有很多路人會邊走邊推開別人，或若無其事地碰撞別人嗎？而且他們都不道歉，真的很惹人厭呢。」

這句話聽起來，像是在為路上行人沒禮貌的行為而氣憤。

但除了她之外，每個人都一臉茫然，似乎在說：「是嗎？可是我沒什麼感覺耶。」後來有人半開玩笑地回答：「會不會只針對妳啊？可能是妳的樣子很強悍，撞起來更有成就感吧。」於是這話題就這麼結束了。

你可能覺得這只是閒聊，但從思考的機制來看，這句話其實有非常重大的意義。

這個抱怨「最近常有人撞我」的朋友，我就姑且稱她為S吧。其實S不只在路上被行人找麻煩，在職場中也常被自私的同事耍得團團轉。

據她表示：「同事闖禍時，都叫我幫忙收爛攤子，而且只要下班鈴聲一響，他們就扔下自己沒做完的工作，直接回家，讓我每次都覺得很煩。」

S的母親從她小時候就體弱多病，父親也忙於工作，無暇分身照顧女兒。

在成長過程中，S不斷壓抑自己幼小的心靈，告訴自己「不能給父母添麻煩」「不能耍任性」。她就這樣一直當「好孩子」，直到長大成人。有時我們會看到小孩子躺在地上耍賴哭鬧，但聽說S從來沒這樣鬧脾氣過。

不過畢竟是小孩子，有時還是會想任性一下吧。

打個比方，父母規定「只能吃一個紅豆包當點心」，讓你忍耐，但隔壁的花子來家裡玩時，卻滿不在乎地一口氣吃掉兩個。這時你會怎麼想？應該很火大吧。

我也好想吃兩個紅豆包。

好希望可以不用顧慮別人，愛怎麼做就怎麼做。

好想多撒嬌一下，好希望有人多關心我一點。

這下你明白了吧。在S的潛意識中，就累積著這樣的想法。

對她而言，不管是馬路上橫衝直撞的行人，還是職場中自私自利的同事，全都是童年時的花子。思考創造的花子成為現實，出現在她的眼前。

想解決這種問題，也是要察覺自己的想法。

只要你溫柔地承認：「對，沒錯，我也有這樣的一面。」那些討厭鬼就會立刻從你的四周消失。

你有沒有看不起父母？

為了幫助你更深入了解親子關係和思考的機制，接下來我要分享自己實際經手過的諮商案例。

●諮詢內容

在酒店當女公關的K有個煩惱，就是完全沒客人指名她坐檯。她自認待客用心、服務周到，卻不知為何老是惹客人生氣，每天不是被客人拿玻璃杯潑水，就是挨一頓臭罵……

就連私生活方面，她也是爛桃花不斷。每個交往過的男人，都是只會伸手要錢的渣男。

「我到底做錯了什麼？」

⬅

● 開始諮商

我請K回想她和父母的關係。

在過程中，她察覺到自己下意識地看不起自己的父親。

K的父親在一間小型的食品材料行工作。他常帶孩子出去玩，是個溫柔的好爸爸。然而，也正因為脾氣好，他在參加町內會（譯注：日本的社區自治組織）的集會等場合時，不但會對其他父親鞠躬哈腰，還會被迫接受麻煩的輪值。

在K眼中，這樣的父親看起來優柔寡斷、不夠可靠，導致她對父親難免有些輕視。

如果潛意識中有輕視別人的想法，就會創造出有人瞧不起你，不尊重你的現實。

這是因為潛意識有個特徵，就是「不區分主詞」。不論是你對別人的看法，還是你對自己的看法，在潛意識中都一視同仁。

也就是說，在潛意識眼中，「（我）輕視父親」和「（別人）輕視我」沒有分別，都只會創造出「輕視」的現實。

如果是上班族，現實中就會出現利用職權欺壓下屬的上司，或是每次見面都會冷嘲熱諷的同事。以K的情況來說，就是出現對她極盡羞辱的客人，以及把她當成搖錢樹的渣男。

● 改變想法

在K察覺到自己看不起父親的想法後，我再請她回想父親的優點。

- 父親總是誇獎我。
- 雖然手頭並不寬裕，還是讓我參加高中畢業旅行。

・遇到有困難的人時，會帶著同理心聆聽對方的煩惱。

這些原本遺忘的記憶，又從腦海中一一浮現。當我說「令尊真是位好父親」時，K的表情明顯地豁然開朗。

後來K產生「爸爸，對不起，我以前一直誤會您」「謝謝您這麼用心地將我撫養長大」的心情，不但讓自己得到療癒，輕視別人的想法也消失了。

↓

●改變現實

K變成店裡最紅的女公關，收入翻倍成長。在私生活方面，她也不再遇到渣男，而且交到認真又體貼的男友。聽說她現在已經脫離風月場所，跟那位男士共結連理，過著幸福快樂的生活。

只要拋開「輕視的想法」，好運就會降臨

除了我舉例的K之外，也有不少人因學歷低、收入少、個性認真但乏味、外表不修邊幅……等理由瞧不起父母，甚至引以為恥。

在這些人之中，有人會錯愕地反駁：「我怎麼可能看不起父母！」也有人拒絕承認，堅持說：「會看不起別人的，都是壞心眼又自大的傢伙。我才不是那種人。」

不過請放心，面對思考的目的，並不是要譴責你。每個人都有負面的想法，這並非十惡不赦之事。

應該說，能察覺負面思考，反而是很幸運的事！因為一旦察覺，想法就會改變，人生也會跟著變好。在負面思考中，充滿能讓你變好的提示。

實際上，當你不再輕視父母，發現父母的優點，就會發現周遭的人的優點，對他們產生認同。

人獲得認同時會很開心，也會想認同對方，所以你也會受到周圍的人喜愛，獲得大家的支持。這種善意的循環，會帶領人生朝快樂的方向持續前進。

那麼，從輕視父母的想法中產生的蠻橫客人、高壓上司及愛找碴的同事，最後又會如何呢？

不必擔心，這些人會以自然的形式從你眼前消失。上司的話，可能會在意想不到的時期忽然被降調到鄉下。同事的話，則可能會轉職。

然後，來這裡接替他們的新上司或同事，就是會認同你的人。應該也有人在實際經過調職、轉職等人事異動後，遇到「原本對我充滿敵意的上司，態度竟然一百八十度大轉變，變得好友善！」之類的經驗才對。

此外還有另一個好的變化，是來自令人意外的方向。

這是認同父親後容易出現的變化，就是在遇到緊急情況時，更容易受到長輩或地位較高的人幫助。

比如生病時，自然會遇到優秀的醫生，接受最好的治療。如果要處理簽約或糾紛，也會有高明的律師當你的後盾。

以前也有職業運動選手在諮商後更信任總教練和教練，因此更容易交出好成績的案例。

一般來說，父親通常是家中地位最高的人。一旦認同父親，社會上地位高的人就會開始支持你。這也是思考化為現實的例子之一。

「父母轉蛋」的結果沒有好壞之分

讀到這裡，你有什麼感想呢？

或許有人會說：

「我沒有誤會。我的父母是如假包換的『毒親（譯注：以愛之名迫使孩子遵循自己想法的父母）』。」

的確，世上的父母百百種。有掌控孩子的父母、否定孩子的父母、過度干涉的父母，也有虐待或棄養孩子的父母……在前來求助的人之中，也有遭到父親或母親長期施暴的個案。

但即使如此，我還是要告訴你，這世上沒有以折磨孩子為樂的父母。

不論是多糟糕的父母，也都是一邊掙扎，一邊拼命地活下去。他們可能因為不可抗力的苦衷或環境，不得已走上自己也嫌棄的人生之路，也可能根本不知道要怎麼愛一個人。

他們想必過得很艱辛、很困苦。**就算無法完全認同他們，至少也可以理解他們的痛苦。**

最近有個新名詞叫「父母轉蛋」。有人會對父母懷恨在心，埋怨道：「又不是我自願生在這種家庭的。」然而，如果覺得自己手氣差，也只是讓自己成為被害者而已。

以思考的機制來說，創造那種父母的人也是自己。要是想著「絕不原諒」，就會把無法原諒的父母投射在自己身上，使你的自我形象跟著降低。常有人明明對雙親反感，卻又不知不覺地做出和他們如出一轍的事。

哪怕只有一丁點也好，請試著打破絕不原諒的原則，對父母敞開心胸，向他們說：「很難受吧。那樣的生活方式，應該很痛苦吧。」因為他們的痛苦一定會直接成為你的痛苦，以及生活中的困境。

光是察覺，人生的發展就會有些許不同。

不過，如果你還沒做好要面對的心理準備，就不必勉強行事。相信總有一天，你一定會遇到讓你覺得「就是現在」的適當時機。

Part 1 重點歸納

0到6歲的
記憶是
思考的根源。

與父母的
關係之中，
藏著讓命運
變好的關鍵。

看不起父母，
就會被別人輕視。

沒有父母不愛
自己的子女。

Part2

準備開啟潛意識的大門

～察覺思考的練習～

要怎麼做才能連結潛意識？

接下來，我們要進行靠自己察覺自身思考的練習。之前我在Part1提過由親子關係產生的想法。現在就來面對這些想法吧。

●關鍵是寫在紙上

潛意識累積了你從出生到現在的所有想法，呈現一團混亂的狀態，讓人不知該從何著手。

這裡有個重點，就是要先寫在紙上。

這和在手機或電腦上打字不一樣。用手指書寫，能讓大腦前額葉皮質的運作更活躍。前額葉皮質是掌管「記憶」的部分。如果只靠大腦想不起來，可以再透過動手刺激腦部，幫助你更快想起：「對了，以前發生過那件事呢。」這樣一來，平時隱藏的潛意識大門就會敞開。

請儘量選擇安靜的環境，在身心放鬆的狀態下進行。

只需準備紙和筆

- 鉛筆或原子筆（什麼顏色都行）。
- 可以寫在這本書的練習區。若位置不夠寫，請另外準備喜歡的筆記本或紙張。

大致分成兩步驟

步驟1　把負面的想法全部寫下來。

步驟2　把正面的想法全部寫下來。

●步驟1　把負面的想法全部寫下來

請仔細回想自己童年時對父母的感覺，例如讓你厭惡、受到打擊、希望他們別再這樣的地方……等等。如果中途想起自己曾對父母「說過不該說的話」或「採取不當的態度」，也要把內容寫下來。

每個人可能會或多或少有不舒服的感覺，畢竟不愉快的回憶就如同潘朵拉的盒子，是你為「不想看、不願碰」而刻意封鎖的部分。

不過我在Part1也說過，每個人都有負面思考。在自我啟發的領域中，主張「要把注意力集中在好心情上」。雖然這麼做的確重要，但刻意對負面感情視而不見，也不是正確的正面思考。

把負面思考寫下來，是因為其中藏有線索，可以幫助你解決問題，過上更好的人生。一直不去面對，會非常可惜的。

所以，請暫時放下「我竟然這麼想，真差勁」「這樣的我真丟臉」的想法，把內心的真心話盡量寫下來吧。

步驟2　把正面的想法全部寫下來

封存在潛意識裡的記憶，平常很難察覺，但只要像這樣實際寫在紙上，腦中就會開始浮現各種場面。其中除了負面的回憶外，應該也包括快樂的回憶、開心的回憶才對。就連童年時完全不跟父母說話的我，也能多少想到一些這樣的回憶。所以接下來，就把這些正面的想法也寫下來吧。

不管再怎麼小的事也無妨。像是「第一次學會游泳時，得到了誇獎」「把我背在背上時，感覺好溫暖」，都是很棒的回憶。

除此之外，也可以寫下想感謝父母的事，像是「他們送我去補習。如今回想起來，這對我幫助很大」「他們不厭其煩地教我怎麼拿筷子」等等。

寫下跟父母有關的正面思考。

-
-
-
-
-
-
-
-
-
-
-
-

重新檢視與父母的關係

為了解從親子關係中產生的想法，請按照下方提示作答。

寫下跟父母有關的負面思考。

-
-
-
-
-
-
-
-
-
-
-
-

要改寫思考很簡單

寫完各種負面和正面思考後，你有什麼感覺呢？

「原來我是這麼想的」「我竟然為這種事沮喪」……是不是也想起很多令你意想不到，深感訝異的事呢？

這就是「察覺」。在思考的課程中，光是像這樣察覺，就已經是成功的一大步。一旦察覺，潛意識的深層部分就會開始療癒。應該也有人會明明不想哭卻眼眶泛淚，或感覺到原本緊繃的心情豁然開朗吧。

察覺後的下個重點是「承認」

承認自己內心混濁如泥沼的感情，激昂如火山的情緒。無論那些想法有多黑暗，都不要覺得「這樣不行！很差勁！」。你要以溫柔的態度去承認，告訴自己「原來我也有這樣的一面」「我一直都在忍耐。這樣很痛苦吧，真了不起」。

一旦這麼做，對父母的憎恨、憤怒，以及無處宣洩的悲傷，也都會跟著轉化，讓你願意承認「爸當時應該也很痛苦吧」「現在我能體會媽媽的心情」。當然你也不一定要當面告訴他們（當面說會更好），只要在自己的心裡這麼想就行。

來到這個步驟後，就可以對自己和父母進行「道歉和感謝」。

「對不起，我以前都沒有察覺到，謝謝您。」

「爸爸其實很重視我，我卻總是唱反調，真是對不起。謝謝您的養育之恩。」

「改寫思考」乍聽之下似乎很難，但其實只要實踐

「察覺」⬇「承認」⬇「道歉和感謝」

這三個步驟。只要這麼做，現實就會在轉眼之間發生變化。

與父母的關係改變，現實就會改變

我來分享一個透過改變思考，讓現實跟著改變的有趣案例。

思考的學校裡有位學生，很愛把「我家真的很窮」掛在嘴上，於是思考的法則也應驗在她身上，讓她總是得不到財神的眷顧。

後來她透過這練習「察覺」一件事，那就是「咦？我家真的很窮嗎？」。

她開始懷疑的契機，是筆記本上正面思考欄寫的「供四個孩子念完私立高中」「幫我買了想要的吉他，很開心」等內容。

「洋子老師，如果我們家真的很窮，應該沒辦法這麼做吧？」

「嗯——是啊，要供四個孩子念私立高中，的確得花不少錢呢。」

「說得也是……」

後來我才知道，她父母準備了大筆存款和不動產要留給子女。也就是說，她的家境其實比一般人優渥，只是父母徹底奉行節儉的原則而已。

沒想到竟然有這麼大的誤解。經過這件事後，她改變了想法，決定不依賴父母的財產，靠自己的力量打拼。現在她已經是一位成功的花藝家了。

別以「父母很差勁」作結

在針對「成年兒童」的治療和諮商中，也有方法可以修復童年時期的誤解。所謂的成年兒童（Adult Children），就是童年時曾受到家庭內的創傷，懷著傷痛長大成人的人。

治療成年兒童的方法很多種。我聽某個朋友說，她去看的治療師是採取名為「重新養育」的療法。

這個療法是由治療師扮演父母，本人扮演童年時的自己，然後仿照真人真事改編的電視劇，請當事人重演一次令他痛苦的場面。

比方說，假如當事人曾聽父母說：「本來沒打算生下你的。你是沒人要的孩子。」因而深受打擊，就照著記憶重現當時的場面。

接下來，再把同樣的場面再演一次，不過這次要演的，是當事人希望父母能這麼做的理想劇情。以我的朋友為例，她是以母親哭著說「對不起，之前傷害了你」作為結局。

聽到自己憎恨不已的母親道歉，我朋友當下覺得非常爽快，但過了一陣子後，一切又故態復萌。只要「自己是沒人要的孩子」的想法繼續盤據內心，現實就不會出現任何改變。

治療方式本身並沒有錯，不過最後藉由讓母親道歉大吐怨氣，就代表她心中的母親依然那麼差勁。她只是在想像中修理差勁的母親，幫自己出口氣罷了。

用這種方式，是無法改變思考的。

思考練習的關鍵，就在於別讓父母直到最後依然差勁。「以前覺得父母很差勁，但他們其實很愛我。只是不善表達，才會出現違背內心的言行」——當她產生這種想法後，就察覺到一件事：她一旦有了重視的人，只要愈重視，就愈會違背本意，用言語傷害對方，並陷入不斷後悔的循環。自從發現了這一點後，她和身邊的人發生摩擦的情況就減少很多。

只要像這樣承認父母，發自內心說出：「對不起，我之前都沒發現。謝謝您的愛。」現實就會開始改變。

即使是直到父母去世都沒能和解的人，也請務必做這個練習看看。雖然不能直接和解難免遺憾，但還是可以從中獲取溫暖的力量，讓心靈得以舒展。

思考改變的證據，就是親戚和鄰居開始說起跟父母有關，而且是你以前從未聽過的好話，比如「你父親真的是很貼心的人」「我經常受到你母親幫助」等等。

效果絕佳！

祕 一口氣改變思考和現實的特別練習！

雖然標題有點誇張，不過這個練習真的效果絕佳。一旦做到，就能一口氣改變現實！

至於怎麼做，就是直接問父母：「你們覺得我有什麼優點？」

有人大概會退避三舍：「媽呀，這種問題怎麼可能問出口？」我承認難度確實不小，父母也可能因為害羞而隨口回答：「啥？才沒有呢。」

不過在我的學生中，有人分享了這樣的經驗：她的母親一開始並不願意回答，但某天當她打開房門的那一刻，母親卻突然走來，一口氣說出了她的優點，隨後便匆匆離開。在這之後，母女之間的隔閡就消失了。

其實我會想出這個練習，靈感是來自於自己的經驗。

在了解思考會化為現實的機制後，我心中忽然對雙親產生感謝之情。原本疏遠他們的我一改從前的態度，開始每個月回一趟老家，讓兩老看看外孫（我的兒子）。某天，我兒子在學校的新年抱負大會（譯注：日本習慣在新年時用毛筆寫下今年的目標）上得獎。把這件事告訴父母時，我隨口說道：「明明沒讓他學書法，竟然會得獎。」

我母親聽了就說：

「這是因為姊姊（指我）妳啊，從以前字就寫得很漂亮呢。」

雖然是一句無心之言，卻讓我感動到拼命忍住淚水。

我一直覺得自己沒被父母誇獎過（其實他們很常誇獎，是我自己擅自剪輯了記憶），也始終以為他們只疼愛妹妹，沒把我放在眼裡。然而，這句話證實我父母都很關注我，過去記憶的傷痕也立刻痊癒了。

某位男性以「工作上遇到的課題」為由，問他父親：「我有什麼優點？」據這位男士描述，小時候他不管在學校拿到多好的成績，父親都擺出一副「這是理所當然」的樣子，從沒誇獎過他。這讓他養成了「不管自己再怎麼努力，都無法獲得認可」的思考模式。而在現實中，當其他同期進公司的同事都已陸續獲得重用，他也依然沒什麼亮眼的表現。

但他的父親卻這麼回答：

「你從以前就非常優秀，什麼都難不倒你，讓我總是引以為傲。」

原來他父親從一開始就認同他的能力。聽說在這之後不久，他父親就與世長辭。那男士對我說：「幸好我當時問了父親。」

後來我很快就接到他的電子郵件。他在信裡向我報喜，說他順利升職。現實就就這樣改變了。

Part 2 重點歸納

只要
在紙上書寫，
記憶就會
不斷浮現。

負面記憶是
通往幸福的
重要提示。

說「對不起」
和「謝謝你」，
能讓內心
感到舒坦。

父母對
你的優點，
全都心知肚明。

Part3

重設思考習慣，
讓自己更快樂！

你是否限制了自己的可能性？

除了從親子關係中衍生的「誤解」和「錯覺」外，潛意識也會被刻上各種負面的「思考習慣」和「偏見」。

- 我總是被迫做吃力不討好的事。
- 我總是給周遭的人添麻煩。
- 反正他們都瞧不起我。
- 戀愛是不會長久的。
- 做也沒用，反正我辦不到。

諸如此類的思考習慣，有如從以往人生經驗中學到的程式，每次一遇到事情，這些想法都會自動冒出，給你帶來困擾。

比如說，如果覺得「自己總是被迫做吃力不討好的事」，你在超市排隊結帳的隊伍就會出狀況，而遲遲無法前進。

在職場上，你接起的電話幾乎都是打來客訴。去餐廳吃飯時，只有你的餐點被漏掉，不管等再久都不會上菜。

「你看吧。」「果然沒錯！」

你覺得自己在不請自來的災難中成了悲劇女主角。

但從思考的機制來看，這也是你為了「證明自己的偏見不是偏見」而刻意創造的現實。即使沒有自覺，潛意識的作用依然強大。

這會讓你陷入負面的漩渦。「像我這種人，也只有這點能耐」……你為自己貼上標籤，深陷其中。是你給自己畫地設限。

其實你應該充滿更多可能性，能過得更幸福。所以在這裡，你要重新設定平時的思考模式。

「不想輸」的運動員

那麼，思考的習慣又是怎麼養成的呢？

在回答這問題前，我要先分享某個運動員的故事。

體育界對運動員的要求，跟前面提到的「自己給自己設制」完全相反。尤其是職業選手和奧運國手等級的運動員，因為經常要面臨僅以零點幾秒、幾公分，甚至幾釐米之差定勝負的頂尖對決，讓他們必須挑戰自己的紀錄，追求超越自我。

他們和對手在能力、技術、練習量上，可說相差無幾，於是要如何發揮出更多額外的力量，就變得至關重要。

因此，運動員必須擁有特別的精神狀態。而為此進行心理素質的訓練，也是很常有的。當初T選手會找我諮商，學習思考的方式，也是訓練的一環。

T選手的煩惱，是他在正式出場時容易緊張，無法發揮平常的實力。

為什麼會這樣？是潛意識中的哪種想法創造出「會緊張」的現實呢？我立刻開始探究他的潛意識。

後來我發現，T選手的潛意識有「不想輸！」的意念，會在各種場面上冒出來妨礙他。

對運動員來說，不想輸絕非壞事。這份意念會化為能量，促使選手發揮超越實力的潛能。在一定層級以下的比賽中，靠這樣應該就能獲得勝利。

但前面也提過，一旦來到勝敗只在毫釐之差的頂尖選手對決，這種不想輸的意念往往無法帶來額外的力量。

當「快輸吧」的想法成為現實

現在我就來說明原因。

首先，勝負的「勝」和「負」總是互為一體。

T選手想著「我不能輸」「我說什麼都要贏」，就跟想著「不能讓對方贏」、「說什麼都要讓對方輸」沒什麼兩樣。

以思考的機制來看，希望對方「輸」，就會實現自己「輸」的現實。**我在30頁也提過，潛意識無法分辨主詞，會以為你是對自己喊「快輸吧！快輸吧！」**。

我們看棒球比賽時，不是常在觀眾席喝倒采，吶喊「給我下場——！」「快三振他——！」嗎？由此可知，這就像自己對自己喝倒采一樣，不緊張才怪。

沒錯，T選手會緊張到渾身僵硬，原因就出在過度在意輸贏的思考模式。

不管哪種工作都一樣，有對手固然好，但若是為了讓自己領先，不惜打壓對手，想踢下對手，總有一天會輪到自己因某件事遭到打壓。

所以在競爭時，你應該發自內心期望對手「能發揮最大的實力」，這樣現實就會改變。

當你捨棄對勝負的執著，緊張感就會獲得緩解，自己也不會感到動搖，能拿出最佳的表現。

思考習慣來自於你和兄弟姊妹的關係

那麼，我們再進一步往下深挖吧。

T選手「不想輸」的思考習慣，究竟從何而來呢？

這答案的線索，還是藏在童年的回憶裡。

我在Part1提過，由親子關係產生的思考，是在0到6歲間刻印在腦中，而思考習慣的基礎，則是以年紀再稍長時的經驗為主。

根據我以往的諮商經驗來看，大概是到小學六年級前的這段時期。我們這時候除了父母外，也會和家中的手足、學校的同學、附近的玩伴建立起兒童的人際網絡。

思考習慣就是在這些人際關係中，透過和別人一起遊玩、爭吵、學習的經驗所形成的。其中又以手足關係最為親近，影響層面也最廣泛。

以T選手為例，他在眾多手足中排行老么，從小備受疼愛，但他在賽跑或鬥嘴時，也都因為年齡差距而輸給兄姊。

家中的老么分成兩種，一種是「為什麼姊姊可以，我卻做不到？」因此缺乏自信的類型，另一種則是「我才不要輸給哥哥，我會讓他刮目相看！」反而燃起鬥志的類型。T選手屬於後者，所以這種意念在潛意識中不斷累積，形成對輸贏耿耿於懷的思考習慣。

光是察覺，就能提升自己的層次

此外也有其他類似的案例。這次我要分享的，是某個服裝模特兒的例子。

她的煩惱是「對自己沒自信」。

從我的角度來看，她擁有令人欣羨的高佻身材，臉蛋也十分小巧。像這樣只是站著就散發耀眼光采的美女，怎麼會缺乏自信呢？

經過詢問後，才知道原來她是長女，在家中排行老大。自從妹妹出生後，父母、親戚和鄰居都異口同聲地誇讚妹妹：「這臉蛋真可愛，不管穿什麼都好看。」聽到大家這麼說，讓她的想法變得扭曲。

「妹妹很可愛。跟她相比，我一點都不可愛。」

這種比較的念頭，在她的潛意識裡不斷累積，即使長大成人，她依然積習難改，總愛跟別人比較。每次看到別人好的地方，她就會忍不住想「○○的腿很纖細，跟她比起來，我……」「○○的頭髮很漂亮，相較之下我……」，結果心結愈來愈多，自信也愈來愈少。

重設這種思考模式的方法，和Ｐａｒｔ2的練習大同小異。

首先，請盡量回想對兄弟姊妹的想法，愈多愈好。你是在什麼情況下感到受傷、嫉妒或憤怒呢？

想起來後，請按照「察覺」⬇「承認」⬇「道歉和感謝」這三個步驟，溫柔地療癒自己吧。

那位來諮商的模特兒，也是靠這方法拋開了愛比較的毛病。

看到周遭的人有哪裡好時，只要不用「相較之下，我……」這個句型，就能坦率地認同那是對方的優點。而且「比較後陷入沮喪」的感覺，本來就是由於不了解思考會實現的機制，才會產生的（請參照178頁）。

「○○的腿很纖細，非常有型。」「○○的頭髮好漂亮，真令人嚮往。」

當你可以坦率地這麼想時，你的層次就會提高，讓你接到更好的工作，遇到更多好事。

為什麼會這樣？家中排行造成的各種「思考習慣」

在你心中有沒有連自己都覺得丟臉、好笑，雖然常想「為什麼會這樣」，卻始終無法理解的思考習慣或想法呢？

接下來，我會按照家中子女的排行順序，逐一解說各自的思考特徵和傾向。從出生順序來看，每個人都能分類為長男長女、中間的孩子、么兒么女或獨生子女。你也來檢查看看自己容易有什麼樣的思考習慣吧。

思考的機制有個原則，就是「一切現實都是照自己的希望所創」，出生順序也不例外。

比如說，假設長男長女是屬於領導者類型，那身為長男長女的你，就是因為想要帶領周遭的人，才會搶在第一個出生。從這個定義來看，排行的特徵可以說就是你原本追求的「理想形象」。若以此為前提閱讀接下來的內容，或許能讓你有某種新發現。

另外，「負面的思考傾向」也會成為那種人的思考習慣根源，所以閱讀時如果從「或許能找到提示，讓人生變好」的觀點出發，連同負面的地方一併細看，相信會更有助益。

不過這裡寫的也只是大方向，不可能每個人都百分之百吻合，還請見諒。

長男／長女
堅忍不拔的王子／公主

【基本特徵】

第一次育兒的新手爸媽通常活力十足，會毫不吝惜地付出滿滿的愛。祖父母迎來長孫，通常也會疼愛有加，所以長男長女往往不費吹灰之力，就能獲得王子公主般的待遇，度過快樂的童年時代。

但另一方面，在弟妹出生後，他們會告訴自己「我是哥哥（姊姊），一定要振作才行」，開始萌生責任感，轉變成會照顧弟妹，埋頭苦幹的好孩子。等到出社會後，他們

因為富有責任感又善於照顧人，常常會擔起管理的職責。

【負面的思考傾向】

弟妹出生後，以前獨佔雙親寵愛的他們，會以為父母對自己的關心減少，容易感到沮喪和孤獨。此外，由於一直看著父母忙著照顧弟妹的樣子，也導致他們不太會撒嬌或哭泣。

【解決方法】

雖然父母乍看之下比較關注弟妹，但其實只是忙不過來而已。他們對你的愛並沒有改變。察覺到這一點是關鍵。

排行中間的孩子
會察言觀色的法外之徒

【基本特徵】

在成長過程中，他們一下要在弟妹面前當「上面的孩子」，一下要在兄姊面前當「下面的孩子」，兩種角色不斷切換，因此很會察言觀色，乍看之下八面玲瓏。

不過，由於兄姊是父母看重的第一個孩子，弟妹則因「年紀還小」而備受寵愛，導致他們也容易陷入父母注意力的盲區，常覺得自己不受待見，沒有棲身之所。

於是他們就在這樣的處境中，培養出獨特的世界觀。其

中有些人出社會後，會選擇不進入任何組織，一心想走出自己的路。

【負面的思考傾向】

他們和別人交流時，會有「希望別人了解，又不想被看透」的矛盾心態。暗自渴望成為孤高隱士，千山我獨行的人，也不在少數。

【解決方法】

光是知道自己是因為有什麼想法，所以和別人相處時才會有壓力，應該就會覺得輕鬆不少。與其單打獨鬥，不如和別人交流。得到大家的點子和協助後，相信你會成長得更快，眼界也會更廣。請快下定決心，加入某個團隊看看吧。

么兒／么女
在家是偶像，出外變窩囊

【基本特徵】

他們一生下來就要和兄姊競爭。為了吸引父母注意，他們自然而然就學會展現可愛的一面，有時笑咪咪，有時氣嘟嘟，用古靈精怪的動作和態度擄獲大家的心。他們在家就宛如偶像一般。即使長大成人，也會發揮服務精神，努力讓周遭充滿笑容。

只不過，雖然受到家人的寵愛，做什麼事大家都睜一隻眼閉一隻眼，可是這一套到外面卻不一定管用。當他們嚐到挫敗的滋味後，會容易變成「在家一條龍，出外一條蟲」的兩

面人。

【負面的思考傾向】

他們會對外面的世界產生恐懼，不敢暢所欲言，任憑壓力持續累積。這些壓力也可能惡化成憤怒或攻擊性，在心中不斷升溫。

【解決方法】

對身為么兒么女的人而言，憤怒和攻擊性就像在電玩中心用打地鼠宣洩情緒一樣，是一種幫內心紓壓的方式。只要察覺到這一點，承認「原來自己是這麼想的」，心情就會變輕鬆。

獨生子女
不擅長社交的隨性者

【基本特徵】

獨生子女獲得父母百分之百的關愛，擁有良好的教育、良好的環境、充足的零用錢……可說是集萬千寵愛於一身。由於各方面都得天獨厚，他們自我肯定感極高，個性也天真無邪。

但另一方面，由於成長過程中缺乏跟手足吵架的經驗，導致他們對於拿捏和別人的距離，有著非常獨特的想法。也因為沒有爭奪點心的經驗，看到好吃的總是第一個拿，看在其他小孩眼裡，會覺得他們很貪心。出了社會後，也對競爭興致缺缺，習慣獨來獨往，是我行我素的類型。

【負面的思考傾向】

他們很難察覺對方細微的感情，不時會引起糾紛，覺得和別人相處麻煩透頂。由於能力很強，在工作時也懶得找別人幫忙，寧願自己單打獨鬥比較快。

【解決方式】

跟排行中間的孩子一樣，獨生子女也可以試著主動加入群體，拓展人際關係。和各種人來往時產生的加成作用，應該能激發出更多才能。

補充篇！

各種兄弟姊妹的排行組合

●有哥哥的妹妹

哥哥善待妹妹，父親疼愛女兒的舉動，可能會讓女孩養成「男人很好對付」的思維，誤以為「男人都會聽我的要求」。如果長大後遇到不吃這一套的男人，可能就會惱羞成怒！

另一方面，如果女孩有了弟弟，而且弟弟受到疼愛，她們就會產生敵意，埋怨：「咦？男生就比較好嗎？」有些人出了社會後，甚至會抱著「我才不會輸給男生」的心態，一股腦地在事業上衝刺。

●有姊姊的弟弟

如果姊姊個性溫柔，弟弟長大後會很擅長向女人撒嬌。他們從小就透過觀察姊姊，對女性的生態瞭若指掌，知道哪些話「說了會踩到地雷」，也很會投女性所好。

●家中都是男孩

對男生來說，在讀書、運動，有沒有女人緣等重大主題上，都必須和同性較量能力。若在能力

什麼人擅長接受請客？

有人請吃飯時的反應，也會隨著出生順序而有所不同。

表面上用可愛的語氣說「真的可以嗎？」「哇，謝謝！」，心中卻想著「請我是應該的」，根本不打算掏錢包的類型，通常是家中的么兒么女。畢竟他們早就習慣兄姊的付出，所以也很擅長接受。

另一方面，如果態度非常客氣，不斷推辭說「不，不用這樣啦！」「太不好意思了！」的類型，通常是個性一板一眼的長男長女。因為他們習慣付出，不善於接受。

無論是哪種人，都沒有好壞之分。

不過我們偶爾也可以試著反其道而行。

老么試著「付出」，老大試著「接受」。光是記住這一點，人生的劇情就會一百八十度大轉變。

方面養成「我比不上哥哥」的思考模式，可能會對自己失去信心。

●家中都是女孩

妹妹會憧憬姊姊，模仿姊姊的言行，比如「姊姊開始學鋼琴，我也要學」。不過要是有姊姊堅持下去，自己卻半途而廢的經驗，妹妹就可能產生「我真沒用」的複雜心結，始終耿耿於懷。

●雙胞胎

尤其是長相如出一轍的同卵雙胞胎，在一起時會格外顯眼，容易引人注目。從「現實是由自己創造」的觀點來看，雙胞胎原本就有想引人注目的願望。

想要自己的分身，也是反映出「喜歡自己」的心態，所以許多雙胞胎都給人活潑開朗、自信滿滿的印象。

「不知不覺就這樣」的習慣，一定都能克服

看完不同排行類型會有的思考習慣後，你有什麼感覺呢？應該有些地方吻合吧。或許有人會驚覺「我好像也有這樣的習慣」，進而發現自己新的一面。

思考習慣一旦形成，就會成為內心的濾鏡，引導出錯誤的結論。這些結論有時會破壞寶貴的可能性，有時也會讓你放棄想做的工作。

趕快趁這機會改變負面的思考習慣吧。**一旦設下自己的極限，告訴自己「反正我只有這點能耐」，就只能實現這點程度的現實。**不過，只要養成積極的思考習慣，我們就能朝著更高的境界邁進。

接下來，我要分享一個相關的實例。

N一直想做美甲師，也剛開了自己夢寐以求的店。

然而最重要的來客數，卻不如想像的多。

在諮商的過程中，我發現原因之一是宣傳力道不足。在這個年代要獨自創業，活用社群平台進行宣傳，是門檻最低又有效的方式，可是N始終不肯在網路上發文，還表示她不想這麼做。

到底是為什麼呢？是覺得幫自己打廣告很難為情？還是對寫文章和拍照沒有自信？

後來我要她面對自己的思考，卻意外察覺到一件事：原來N其實很常看別人的X和Instagram，而且總是發表批評言論。

「這個人怎麼搞的，一副得意的樣子。」「真討厭，講這些只是在炫耀罷了。」

也就是說，她是因為自己常批評和攻擊別人，擔心自己也受到同樣待遇，所以才不敢上網發文。

除了N外，也有人找我談過「明明當業務員，卻很怕開口向人攀談或拜託別人」的問題。

經過仔細詢問後，才知道這個人以前也曾用嚴厲的口氣對業務員說：「請不要這樣。」當時的記憶會無意識地在腦中浮現，導致他心生畏怯。

每個人在看別人的社群貼文時，難免會嫉妒地想「好好喔」，或是狐疑地想「這是真的嗎？」。遇到陌生的營業員來攀談時，也可能覺得「這個人怪怪的」。

從子女排行的類型來看，N和那位營業員都排行老么，也同樣擁有攻擊性強的獨特思維，所以他們看什麼都不順眼，忍不住批評兩句。

除此之外，在不擅長與人相處的中間孩子之中，也有人明顯意識希望客人來，潛意識卻藏著「不要啦，好麻煩」的矛盾想法。

其實，有思考習慣這件事本身並沒錯，也不代表那些人就有問題。只是他們明明很有才能，卻礙於思考習慣而無法發揮，實在非常可惜。

要克服思考習慣，其實很簡單。

當你想批評別人時，只要察覺「自己又想找別人的碴」就好。如果是在社群平台上，可以刻意尋找對方的優點，像是「這個人這麼常更新，真的很努力」「他的文筆不錯」等等。

這麼一來，對發文的恐懼就會消失。找出別人愈多優點，別人誇獎你的次數也會愈多。

至於營業方面，則可以先在心中道歉：「對不起，我不該劈頭就否定你。」只要這樣做，別人也會開始接納你。

Part 3 重點歸納

跟兄弟姊妹的
關係中，
有很多可以
「察覺」之處。

當你總是差
臨門一腳時，
記得檢視
你的思考習慣。

為對手加油，
就等於為
你自己加油。

對社群平台
感到卻步的人，
要改掉批評
別人的習慣。

Daisuki

Part4

讓造成困擾，帶來麻煩的人不再靠近的思考法

「帶來麻煩的人」是你創造出來的

常有人對我傾訴人際關係方面的煩惱。

只要在社會上討生活，就不太可能天天被喜歡的人、合得來的人包圍，過著充滿著愛和友情的生活。

不講理的上司、壞心眼的同事、愛管東管西的鄰居、愛在家長或同好團體中當頭頭指揮一切的成員……相信在你的身邊，應該也有一兩個會帶來困擾、麻煩，令你避之唯恐不及的人吧。

遇到這種人時，該怎麼應付才好呢？

我們最常得到的建議之一，就是「保持距離是為上策」。雖然保持距離的確能讓我們暫時喘口氣，但這只能治標，不能治本。比如說，有人因為無法忍受上司的職權騷擾而選擇轉職，沒想到在新公司又得為這種上司做事，讓歷史再度重演。

這是因為創造那些麻煩精、討厭鬼的人，就是你自己。

・總是被妨礙 ⬇ 你以前有沒有妨礙過誰？
・常常被討厭 ⬇ 你討厭自己，或是厭惡某個人。
・有事沒事就懷疑我 ⬇ 你不信任自己和周遭的人。

「我怎麼可能會創造那麼討厭的人！」

你應該會想這麼反駁吧。

這時要不要也試著承認思考的機制看看？

如果你眼前的麻煩人物跟你的想法無關，這個現實就無法改變。**但如果這些人**

是你所創，只要你改變思考模式，問題就能迎刃而解。

這是理解思考機制的人會得到的獎賞。

無須愁眉不展，四處逃避，也不必正面迎敵、挺身而戰。只要善用思考，就能創造更美好的人際關係。

跟鄰居的糾紛，也能三兩下解決

搬家後才發現隔壁住了惡鄰居。

惡鄰像跟蹤狂一樣，監視著你家的一舉一動。

只要垃圾沒分類好，就會整袋丟還給你。

一大早就有不知哪來的狗不停狂吠，吵死人了。

近年來，鄰里之間的糾紛也層出不窮，千奇百怪。有人壓力大到夜不成眠，快要神經衰弱。嚴重者甚至會演變成縱火或殺人案，可見這問題有多棘手。

我的朋友B也曾被捲入這類糾紛。

他住在公寓大樓。最近樓下的住戶常為了「開關門的聲音很吵」跑來他家大鬧，令他不勝其擾。

「我們大樓是鋼筋水泥建築，照理來說聲音應該不會這麼明顯，而且自從他第一次抱怨後，我每次開關門明明都屏氣凝神，小心翼翼，卻還是得天天面對如雪片般飛來的抱怨，搞到我現在連家也不想回了。」

就連這種時候，我們也要面對自己的思考。

當受到損害，接到抱怨時，你會有什麼想法，什麼心情呢？

是覺得自己遭到妨礙，遭到懷疑？

還是覺得「這個人真麻煩」「是不是在嫉妒我們家」呢？

解決方法的提示，就藏在回答裡。

B的回答是「我覺得樓下的人太神經質了」。

現實是由自己的思考所創造的。

覺得被妨礙的人，過去應該也妨礙過別人。

覺得被嫉妒的人，過去應該也嫉妒過別人。

「這麼說來……」聽到我這麼說後，B想起一件事。

「最近我在公司時，情緒都非常緊繃。我負責指導新進員工，但那個新人總是小失誤不斷，害我每項工作都得張大眼睛仔細檢查才行……」

B話還沒說完，就突然「啊」了一聲，似乎察覺到什麼。

「難道就是這個嗎？」

「可能喔。」

我們面面相覷，笑了出來。讓神經質鄰居出現的，就是B神經質的想法。

現實是一面鏡子，會反映出你的潛意識。如果你能察覺到跟映在鏡中的現實同樣的想法，並且承認「原來就是這個！」眼前的景色就會轉換。這就是解決法。

B的情況也一樣。據說從察覺到的那天起，鄰居的抱怨就嘎然而止了。

為什麼會出現夢想殺手？

話說回來，為什麼我們會沒事找事做，特地讓自己覺得「真討厭」、「好麻煩」的人化為現實呢？

你應該聽過dream killer吧。

這個詞直譯為「夢想殺手」，是指用否定的話語妨礙別人追求夢想和目標的人。這種人就是不折不扣的麻煩製造者。

每當你想轉行或創業，朝更高的目標邁進時，夢想殺手就會冒出來，試圖用下面那些話摧毀你的幹勁。

「還是放棄比較好吧。」
「這種事要有才華的人才能辦到。」
「反正你是做不到的。」
「現在才開始太慢了。」

其中也有人會假裝擔心，拿「萬一失敗了怎麼辦？我是為你好才這麼說」為由，企圖阻止你展翅高飛。

出現在你面前的人，會反映出你的想法

是遭到嫉妒嗎？還真傷腦筋呢。

不過夢想殺手其實可能就是你自己。正確來說，是你的思考創造出的角色。在你的潛意識的某個角落中，藏著「我果然還是沒辦法」「我根本沒有這種才華」的負面思考，而夢想殺手正是這些負面思考的代言人。

如果潛意識中是累積正向思考，眼前就會出現聲援你的人。所以夢想殺手的出現，或許是證明了你心中還有迷惘，其實是想維持目前的現狀。

從這層意義來看，夢想殺手絕非壞人，你就當作是老天爺賜予你確認自己心意的機會，再一次審慎地規劃人生吧。

一定要
放棄喵～

夢想被
喵太破壞了。
喵…
原來不是
這樣啊喵～

克服內向與容易緊張個性的方法

在人際關係中，也有人為了自己個性內向，無法輕鬆與人交談而煩惱。

我的朋友Y也是這種人。她是位清秀又文靜的女性。

不過在面對她的思考後，卻嚇了一跳。

「這件事，我從來沒對別人說過……」隨著這句開場白，她開始娓娓道來。原來她內心其實非常不耐煩。

比如說，當她在街上經過看不順眼的人身邊時，都會在心中咒罵對方。在職場裡，只要走過討厭的人附近，她也會在心中「嘖」一聲。有時她還會妄想自己開槍射殺所有人，圖個心裡痛快。

其實愈內向的人，愈容易有這種充滿攻擊性的思考。

從Part3解說過的排行類型來看，這種人多半是家中的老么。雖然是家中的小霸王，不過一到外面就不敢暢所欲言。由於不敢拒絕別人，導致同事常把麻煩的工作塞給他們，即使想反抗也無能為力。

這些在現實世界承受的壓力，會轉變成內在的攻擊性。

同樣地，老么族群中也有緊張大師。如果要求這種人當眾發言，他們就會緊張到直掉眼淚，嚴重程度可見一斑。

這種容易緊張的毛病，也是來自對外界的恐懼，而恐懼造成的壓力，也會使攻擊性的想法不斷累積。到最後，令人無法想像「這麼纖細的人怎麼可能會有」的憤怒和敵意，就會在體內沸騰起來。

攻擊別人，自己也會遭受攻擊

或許有人會認為這是想像的世界，沒人實際受到傷害，應該無所謂吧。**可是一旦發動攻擊，總有一天自己也會遭到攻擊。**比如在職場中，可能只有你必須達成艱難的業績目標，或是飽受上司以權力或道德為名義的霸凌。在私生活方面，你也可能遭受交往對象或配偶的暴力對待。

在情況演變成那樣前，一定要刻意停止攻擊別人的念頭。

請試著在心中這麼說：「只要察覺自己出現攻擊性的思考，我就會停止。我正在努力中。以前真的很抱歉。」

剛開始時，你可能一不小心就犯了老毛病。這時先別急著否定自己，而是要告訴自己：「**啊，又犯了。不過我下次不會再犯了。**」不要緊，**就算現在不斷重複犯錯，以後也一定會慢慢改過來的。**

當你逐漸減少內心的攻擊性思維，怕生和緊張的情況自然會改善，請放心吧。

讓你火大之人出現時的處方箋

同事哭說有急事，只好替她加班，沒想到竟然是跟男友約會！（怒）

擅自抄襲別人的企劃書交給上司，還宣稱是「熬夜趕出來的」。啥？（怒）

世界上就是有這種投機的人。

「只有他輕輕鬆鬆就占盡便宜，實在太可惡了！這就是所謂的『人善被人欺』吧。」

也難怪你會氣急敗壞了。

然而，如果只是情緒化地抱怨「那傢伙真討厭」「氣死人了！」，嫌惡感就會如滾雪球般愈滾愈大。

早上起床就想「好氣！」，吃飯時又想「絕不饒他！」，明明討厭對方卻還浪費時間在想他，對方卻毫不在意，繼續過自己的生活。不覺得這樣很蠢嗎？

對方的內在有你的「要素」

這時候要先踩下剎車，要自己「停下來」。

你會覺得對方狡猾，應該多少帶著羨慕的心情吧。

可是，你真的羨慕嗎？人不是單看表面就能了解的。那些看似狡猾、圓滑的人，背後可能也有自己的苦衷，說不定私下承受了不為人知的辛酸。

再說，就算你自認「我很清白正直」，一旦回首過去，說不定以前也佔過別人便宜，像是搶走弟弟的玩具，無視排隊順序擅自插隊等等。當你察覺「原來我也做過這種事」，就會知道憎恨的對象不過是自己的倒影。

一旦了解思考的機制，看待別人的方式也會改變。

就算對方再怎麼令你困擾，他身上應該也或多或少有你「令人困擾」的要素。如果沒有，這些人就不會出現在你面前。

換句話說，令我們困擾的人，反而會帶來改變的機會。一旦養成「我可以從這裡學到什麼？」的思考習慣，無論來者何人，我們都不會像以前那樣受傷。

把討厭鬼、麻煩精變成自己的夥伴！

出現在眼前的「這個人」和「那個人」，都是由自己的思考所創造。為了讓你更好體會這一點，我們要在這裡做個練習。

「讓你感到困擾、麻煩、棘手，心中充滿焦慮和鬱悶的人（在練習中統稱為討厭的人）」，具體來說是誰呢？首先把對方的名字寫下來。雖然要寫名字，但這不是為了攻擊對方，更不需要公開。這麼做的目的，是要你面對自己的潛意識。不用顧慮太多，也不必偽裝，只要寫下自己的真心話就好。

4. 你在3寫的內容，是否也曾是別人對你的看法呢？你自己有沒有這麼想過呢？請想想看。

〈例〉我也對大家炫耀過自己出國旅行的事。

・

5. 能接受「討厭的人是由自己思考所創造」的說法。

6. 感謝潛意識。

發出聲音說：「謝謝你告訴我，小圭。對不起，從現在開始，我們一起改變吧。」（在心中想也可以）

讓你不再遇到討厭的人

為了讓你眼前不再出現討厭的人，
請填寫以下的問題。

1. 寫下你討厭的人的名字。

〈例〉同事小圭。

・

2. 對方有什麼地方讓你討厭？

請把想到的都盡量寫下來。

〈例〉他常常拿自己的用品和衣物的價格，學歷，父母的職業來炫耀，以展現自己的優越感。

・

・

・

3. 你想對那個討厭的人說什麼？

〈例〉就算你打腫臉充胖子，也是沒用的。

・

與人相處會愈來愈輕鬆

做完練習後，感覺如何呢？

如果你是「我不太能接受『是自己創造討厭的人』的說法」「我沒辦法感謝對方」的人，請對自己這麼說：

「我不想原諒○○。」

「我就是認為錯在○○，而不是我。」

不用否定自己，只要溫柔地接納自己就好。在重複這些話的過程中，你應該會感到內心的焦躁逐漸緩和下來。在產生這種感覺前，請持續這麼說。

如果能完成這個練習，代表你的內心已經長大成人。你能接納自己厭惡的部分，開始懂得愛自己。

到了這個階段，不管對方是誰，你都不必再提心吊膽，無論遇到什麼人，你也不會感到疲憊。就算被人批評兩句，你也會保持樂觀的態度，不放在心上。

不僅如此，那些心眼不好，企圖陷害你的人，也會自然地離你遠去。接下來會出現的，都是能給你帶來幸福的好人。

自己的思考改變，遇到的人也會變

在我的指導下學習思考的人，來自於各行各業。其中有醫生和護理師表示：「不聽醫囑的難纏病患減少了。」「重症病患的治癒率明顯提高了。」

也有幼稚園老師表示：「現在遇到的，都是好學生和好家長。」

我自己也一樣。了解思考的機制後，我開始不斷遇到好人，人際關係也變得輕鬆又愉快。相信在你身邊聚集的，也一定都是朝氣十足，適合笑容的人。

Part 4 重點歸納

一昧地
保持距離，
並非解決之道。

妨礙你
繼續前進的人，
會讓你發現
內心的迷惘。

改變思考，
就會出現
理想的夥伴。

讓幸福長長久久！
如何創造
最理想的伴侶關係

Part5

讓幸福長長久久！如何創造最理想的伴侶關係

一團糟的現實，也是反映你的思考

在Part1也提過，我自己以前也有很多關於伴侶關係的煩惱。因為誤以為父母不愛自己，個性變得扭曲，無論遇到再好的對象，都會以「我這種人不會有人愛」的消極心態出發，無法坦率接受愛意。也經常由於缺乏自信，無法坦率收下對方的好意，而陷入自我嫌惡。

由此可知，不論是情侶或伴侶互動，都跟思考有很大的關係。

不知道在各位之中，是不是也有人和以前的我一樣想法扭曲呢？

盡早擺脫「扭曲的想法」吧

當潛意識懷著「沒人理解我的心情」「沒人重視我」的思考時，不管找到多好的伴侶，內心深處都會自動產生這些負面想法。總有一天，你會因此受到傷害。

對方也可能會外遇。

他的藉口是「因為你不了解我的心情」「因為你不重視我」。

咦？這些說詞怎麼聽起來似曾相識？

沒錯，就是你每次在內心深處對自己說的話。這種想法會反映在眼前的人身上，創造出糟糕的現實。除了外遇，對方也可能在職場上遇到「不受重視」的情況，被調任閒職或遭到裁員。

一切都取決於「我」的思考。

不管你再怎麼責備對方，現實也不會改變。

所以，首先要重新檢視自己的思考。或許你也跟從前的我一樣，從小就懷著久久不癒的心傷。請回到Part2進行檢視親子關係的練習，治癒被誤解扭曲的童年記憶吧。

在思考的學校中，有很多學員光是擺脫扭曲的想法，跟丈夫的關係就融洽許多，連丈夫的年收入也跟著增加了。

為什麼找不到對象？

一直嚷著想戀愛，想結婚，卻遲遲遇不到適合的對象……

在這種人的心裡，或許也藏著扭曲的思考。

對雙親加以否定的思考，會成為對自身的否定，讓你以為「沒人會愛我原本的樣子」，態度變得莫名消極。

如果你是這種人，首先要允許自己有被愛的權利。說「允許」可能有點難，不然就試著認定「我會被愛」吧。

所謂的認定，就是強烈地堅信。如果自信在第二天就開始動搖，也可以再認定一次。第三天也是、第四天也是……就這樣不斷重複做，讓潛意識漸漸增加「我會被愛」的想法。只要這想法積得愈多，化為現實的速度也會愈快。**打從心底深**

愛你的人一定會出現的。請期待那一天的到來吧。

顯意識和潛意識有沒有落差？

緣分不上門的另一個原因，就是顯意識和潛意識之間有落差。比方說，顯意識明明「想變成這樣」，潛意識卻根本不想。這就是所謂的落差。

◎在顯意識裡……

・想結婚。
・擔心別人的眼光。
・討厭父母命令自己「要這麼做」。

◎在潛意識裡……

- 只是因為大家都結婚了，再不成家會很丟臉而已。其實根本不想結婚。
- 婚後會失去自由，所以不想結婚。
- 其實並非擔心別人的眼光，而是覺得「其他人都在否定我，真過分，感覺爛透了！」。
- 其實希望全部交由父母決定，這樣比較輕鬆。

這種狀況就好比同時踩下油門和剎車，根本哪裡也去不了。找對象也是同樣的道理。

表面上說「想結婚」、「想交男友」，但你會這麼說，可能只是潛意識中「大家都有男友，沒有男友會顯得身價很差，很沒面子」的想法在作祟罷了。如果掌握關鍵的潛意識認為「沒男友更自由、更快樂」，就無法創造出邂逅理想對象的現實。

檢查自己的結婚意願

對於結婚，每個人心中都會感到迷惘。
好想結婚……但還有很多想一個人去做的事♪
想結婚的意願佔30%，不想結婚的意願佔70%。這樣很正常。其中一方是0%或100%的人其實很罕見。
接下來，請先釐清自己的意願是傾向哪一方吧。

寫下兩邊的好處

請寫下結婚（有男友）的好處，以及不結婚（沒男友）的好處。兩方個數的所佔比例，就是你的結婚意願（想要男友）程度。

舉例來說，如果結婚的好處只寫3個，不結婚的好處卻寫了12個，就代表你想結婚的意願只佔20％。在思考的機制中，數量較多的想法才能創造現實，所以只佔20％的話，要馬上論及婚嫁無疑是緣木求魚。

不過目前先這樣也無妨，以後還有發現「原來這也是好處」的機會。到時你可以再一條條追加上去。隨著每次加寫，潛意識中想結婚的意願也會隨著30％、40％、50％……一路往上增加。**等達到80％後，理想的對象應該就會出現了。**

我在下一頁準備了書寫的空間。透過書寫，你也能重新檢視自己的戀愛觀和婚姻觀。請一定要善加利用哦。

2. 請寫下不結婚（沒男友）的好處。

〈例〉・能照自己的喜好安排時間。

・能隨時和朋友見面。

・

・

・

・

・

・

・

・

・

・

想結婚（戀愛）的意願程度檢查

為了解你的結婚意願有多高，
請填寫以下的問題。

1. 請寫下結婚（有男友）的好處。

〈例〉・有人陪我一起吃飯。

・可以一起看喜歡的連續劇，互相交換感想。

・

・

・

・

・

・

・

・

・

・

思考式！

吸引理想伴侶的方法

「好男人都已經結婚了。」

你跟女性好友聊天時，是不是常把這句話掛在嘴上？

仔細想想，這種想法其實很可怕，因為這句話倒過來像在暗指「沒結婚的人都很難搞」，連你自己也涵蓋進去。換句話說，每當你抱怨「好男人都已經結婚」時，都等於貶低自己「我很廢」、「我沒價值」。

思考會化為現實，所以這時你要改變想法，告訴自己：「既然還有我這麼一個好女人沒嫁，就代表某處有很棒的對象在等著和我相遇。」

你大概會想：「我才沒辦法這麼厚臉皮。」不，你原本就很優秀，有很多優點，相信你一定能讓了解彼此優點，共同學習成長的伴侶關係化為現實。

所以，接下來我要教你如何遇到理想的伴侶。

這是運用了思考法的獨家練習。請帶著期待的心情，實行看看吧。

①寫下理想伴侶應具備的條件

首先，請列出你心目中「這種人最棒！」的理想伴侶條件。盡量寫，寫愈多愈好，完全不必顧慮這是否太好高騖遠。就算寫「比我小十歲，長相帥氣的億萬富翁」也無妨，總之要列得詳細一點。

②寫下這些條件的缺點

請針對你在①寫的理想條件，思考這些條件可能附帶的缺點，逐一條列。

假設條件為「年收入一千萬日圓」，要有這麼高的年收入，可能得花上比一般人多好幾倍的心力工作。

這麼一來，可能會出現「要經常加班不能回家」「放假時不肯帶我出去玩」等缺點。

除此之外，如果條件為「重視家人的人」，缺點可能就變成「過年時也得跟著回婆家」「將來丈夫可能要我照顧公婆」等等，總之有形形色色各種可能。

帥哥 ⬇ 可能很花心

不會亂花錢的人 ⬇ 可能很吝嗇

你要像這樣針對各個理想條件，逐一思考對應的缺點。

之所以要你寫缺點，是希望你別對擇偶抱有過度的幻想。

即使試著列出最好的條件，當我們看到條件太出色的人時，仍難免會感到卻步。埋藏的心結一旦受刺激，就會變得自卑，忍不住想：「抱歉，我果然還是配不上。」

不過，只要了解理想的人也有缺點，就不會無謂地把對方抬得太高。再怎麼閃亮耀眼的王子殿下，也終究是個普通人。認識到這一點後，即使面對最理想的對象，也不會再畏首畏尾，能跟對方平起平坐，順利交往。

③希望對方具備什麼理想條件，就找找自己是否也有

好啦，接下來終於要進入思考流的獨家練習了。

以思考的機制來看，你在①寫下的理想伴侶條件，照理應該是你本身也具備的資質，所以你才會寫。畢竟你不會想到思考裡沒有的東西，更不會寫下來。

當然，即使有相同的資質，程度還是不同。例如理想條件是「帥哥」的人，就算稱不上絕世美女，也應該多少有美女的成分才對。

「這麼說來，有人誇過我眼睛很漂亮呢。」

「我小時候也被誇過很可愛。」

看吧，一定會有的。

另外，如果理想條件是「資產雄厚，會留財產給我」，你可能會認為自己是不折不扣的貪心鬼。不過另一方面，在你內心某處應該也有「留下財產給別人＝付出」的想法。付出不一定是給錢，也可能是分享一些資訊或知識。就連「把穿不到的衣服給想要的人」的行為，也算美好的付出。

總之，要相信自己也具備希望對方擁有的特質，努力找找看吧。

只要相信自己身上也具備理想的條件，就會更喜歡自己。所謂良好的伴侶關係，就是兩人擁有相同的資質，能認同和加強對方的優點。一旦了解這種感覺，適合的對象就會馬上出現。實際上，當我的學員完成這套練習後，許多人都陸陸續續傳來喜訊。

檢視
自身的思考
練習❹

吸引理想的伴侶

為了解你真正想要的伴侶是什麼類型的人，
請填寫以下的問題。

1. 請寫下理想伴侶應有的條件。

無論幾個都無妨，儘量寫得詳細一點。

①

②

③

④

⑤

⑥

⑦

⑧

⑨

⑩

3. 尋找自己身上是否有希望對方具備的理想條件。

針對1.寫的理想條件，依序寫下自己身上對應的資質。

①

②

③

④

⑤

⑥

⑦

⑧

⑨

⑩

2. 請寫下這些條件的缺點。

針對 1. 寫的理想條件，依序寫下對應的缺點。

①

②

③

④

⑤

⑥

⑦

⑧

⑨

⑩

告別過去的創傷，往下個階段邁進

在這裡，我要介紹另一個練習。

這個練習的目的，是幫助你揮別過去的創傷。

在戀愛或婚姻的過程中，有些人留下負面的回憶，包括感到受傷的事、感到憤怒的事、吃盡苦頭而感到厭倦的事等等。

雖然這些都是「不願想起」的記憶，卻已經深深刻在潛意識中，甚至會趁「你睡覺的時候」，在夢中反覆出現，不斷增強。從結果來看，那些記憶也經常是讓你產生「不想再嚐到那種痛苦」的恐懼，妨礙你走入新戀情或婚姻的元兇。所以，請別再試圖掩蓋，快趁現在重新檢視那些記憶吧。

重新檢視過去的創傷

①寫下所有關於前任的負面記憶

請試著一一回想那些記憶，像是「工作都做不久，全靠我的收入過活，不去工作」「常看不起我，說話口不擇言」等等，接著回顧自己當時的心情，以言語表達出來，比如「以前我都當作沒事，為什麼那時卻覺得很受傷？」。

把心結透過文字一五一十地吐露出來後，內心深處的鬱悶就會一掃而空。

②思考從負面經驗中得到的好處，並寫下來

「因為他不工作，我只好自己打拼。多虧如此，我才能在目前的公司擔任主任。」

「我不想忍受他的言語暴力，常常衝出家門。多虧如此，我才能了解散步的樂趣。」

這麼看來，不管是再怎麼痛苦的經驗，對自己都有好的一面，對吧？正因為現在能夠冷靜面對，所以要更仔細地思考哦。

③ 承認關於前任的負面記憶，都呈現出自己的想法

每個關於前任的負面記憶，都呈現出自己一部分的想法。

例如「常看不起我，說話口不擇言 ⬇ 我內心也會看不起別人，怒罵別人」「工作都做不久，全靠我的收入過活，不去工作 ⬇ 我念書時也常心血來潮，看到有興趣的事就花錢上課，過沒多久又半途而廢，結果每次都靠父母接濟。」

我以前總覺得只有自己受到傷害，到後來才發現自己其實也會傷害別人。能察覺到這一點實在太好了。謝謝你讓我察覺到這一點！

只要像這樣把過去的創傷化為感謝，就能前進到下個階段。當你在公司因不愉快的遭遇而辭職時，也可以比照辦理。

檢視
自身的思考
練習❺

跟過去的創傷訣別

為了跟不愉快的過去徹底訣別，
請填寫以下的問題。

1. 請寫下所有跟前任有關的負面記憶。

•

•

•

•

•

•

•

•

2. 請思考從負面經驗中得到的益處，並全部寫下來。

•

•

•

-
-
-
-
-

3. 承認每個負面記憶都是自己思考的呈現。是你的哪種思考，產生了負面的現實呢？

-
-
-
-
-
-
-
-

如何讓「單戀的對象」回頭看我？

你會不惜用盡各種手段追求對方，只為了讓對方回頭看你一眼嗎？你會埋伏在公司前，假裝不期而遇嗎？還是裝作不懂電腦，使出「請教教我」作戰呢？

我知道單戀會讓人小鹿亂撞，但遺憾的是，從你開始追求的那一刻，這段戀情就已經亮起紅燈。因為在追求的心思背後，藏著「我不會被選上」的思考。

試想一下，如果你真相信「只要耐心等待，他一定會主動靠過來」，應該沒必要去追求才對。你會追求對方，不就是因為心裡想「再怎麼等，他也絕不會過來，只能由我採取主動」嗎？

我已經提過很多次，唯有真正發自內心相信的事，才能創造現實，所以「不被選上」的現實會如你所願出現。一旦開始追求，你愈積極，對方就逃得愈遠。

尋找其他能讓你著迷的事物

既然已明白箇中道理，不妨先試著暫時擱下對他的心意，放棄追求對方，同時也要轉換方向，看要學跳舞也好，畫畫也罷，總之就是找出其他能讓你投入的事物。

一旦對某個事物著迷，潛意識會開始累積「著迷」的思考，讓某個人也對你著迷。那可能是你心心念念的對象，也可能是類型截然不同，比那個對象更優秀的其他人。**不論結果如何，反正就算不再追求，愛和快樂也會自顧自地蜂擁而來。**

對前男友、前夫切莫留戀

都已經分手了，還對前男友或前夫念念不忘。

都已經被對方甩了，還是一心想再續前緣。

在諮商時，我也經常遇到這方面的煩惱。

他們有時會不經意想起往日的美好回憶，有時會想到「當時這麼做的話，說不定我們還在一起……」後悔油然而生。

也有人表示自己變得精神委靡，不管做什麼都覺得空虛，可見留戀是非常痛苦的。

然而，從思考的機制來看，只要心裡想著「以後再也遇不到比那個人更好的對

象」，就等於相信「我的人生中再也不會發生比這更好的事」，形同自行降低對自己的評價。

讓自己煥然一新，打造最棒的自己

如果真想重修舊好，就必須對留戀的自己進行重設。

我在前面的章節也提過，要尋找讓自己全心投入的目標。你可以創造許多會覺得「這個我喜歡」的事物，投入其中全力以赴，然後喜歡上這樣的自己。**你擁有無限可能性，不是只有重來的選項。不妨下定決心改造自我，以最理想的自己開創新的未來吧。**

當你能這麼想時，一定會遇到最理想的對象。對方可能是過去跟你分手的人，也可能是完全不同的人。

維持伴侶關係的關鍵，在於別當受害者

在戀愛和伴侶關係中，要成為受害者易如反掌。只要擺出苦惱的表情，表現得很震驚、受傷、難過、痛苦……然後將心房牢牢封閉就好。

對方可能產生罪惡感，覺得是自己的錯。

他可能會六神無主，時時揣測你的心情。

也可能在不明就裡的情況下，就主動道歉。

不過管他的，反正我受了傷害，我是「可憐人」，而你是傷害我的「壞人」。來啊，還不快下跪賠罪！

……以上純屬虛構，當然也不是建議你當受害者。不過我們有時真的會不自覺地用這種殘酷方式，去苛待自己所愛的人。

可能是受到童年時的思考影響

為什麼我們會這麼做呢？

這和Ｐａｒｔ１提過的童年思考也有關。

都怪父母不給我愛，我才會這麼不幸——我們一開始的出發點，就是這種扭曲的誤解。

要對壞父母報仇，自己必須先成為受害者，在父母心中植入罪惡感。一定要讓他們後悔才行。為了這個目的，自己要一直保持不幸。

在孩子心中，總是希望父母是最愛自己的人。

即使現在長大成人，也依然用戀人或伴侶當父母的替身，要求對方最愛自己，

同時又持續扮演承受傷害和打擊的角色，要對方代替父母道歉。

可是用這種幼稚的做法，永遠不可能建立良好的關係。即使叫對方下跪道歉，也只是換自己受罪惡感呵責，根本無法得到幸福，所以一定要察覺才行。

你真正的想法是什麼？

會不會只是渴望被愛，害怕失去呢？

如果是，就不該只以「我很受傷」為由龜縮起來，而是要好好溝通才行。

「我想你應該不是故意，不過當時聽到你這麼說，還是讓我感到落寞，所以才會以沉默表示抗議。」

「聽到那種語氣，我還以為你是要拒絕我，所以才會擺出那種『誰會輸給你！』的態度，真對不起。」

溝通的祕訣就是純粹地表達自己的心情，不刻意把對方當成壞人。像這樣試圖互相理解，就是建立良好伴侶關係的第一步。

治癒自己心中的「失控小孩」

「反正沒人會愛我。」

「反正我這種人無關緊要。」

在同樣迷失於愛情的人之中，也有人會故意採取讓戀人或伴侶厭惡的言行。

- 故意使壞，講話難聽。
- 耍任性。
- 突然無視對方，斷絕聯絡。
- 明明不打算分手，言談中卻處處暗示。
- 出現賭博、酗酒等不當行為。

・生病（也有人不是裝病，而是真的生病）。

以上這些自虐行為，都是下意識想測試對方的心理在作祟，其目的是想知道「連這樣的我，你也願意愛嗎？」「你願意接受我嗎？」。這跟思春期的孩子為了吸引父母的關注，故意當不良少年到處闖禍的做法類似。

夏威夷的荷歐波諾波諾療癒法

在夏威夷的傳統中，有種自我淨化（心靈淨化）的方法，稱為荷歐波諾波諾（Ho'oponopono）。相信應該也有人聽過吧。

荷歐波諾波諾將潛意識稱為尤尼希皮里（Unihipili），是指每個人內在都有的童年的自己。

那孩子雖然表面上到處搗亂，內心深處卻總是蜷縮身子，惶恐不安。他會莫名地感到自卑，無法肯定自我。

在荷歐波諾波諾的觀念中，我們可以藉由「謝謝」、「對不起」、「請原諒我」、「我愛你」這四句話來治癒尤尼希皮里。

我試著以思考流的方式，重新調整這套療癒法。

在下一節，我將會介紹這項練習。

讓我們增加「我一直受到重視」「我一直受到喜愛」的思考，讓陷入沮喪童年的自己感到安心吧。

給童年的自己滿滿的愛

你要當作童年的你就在自己心裡，而成年的你每天都要找那孩子說話。

出門時說：「天空好美啊。」

喝下午茶時說：「來，喝杯熱茶吧。」「也有點心哦。」

吃飯時說：「今天吃蛋包飯哦。」「看起來好好吃喔。」

到了晚上則說：「來刷牙吧。」「來洗頭洗澡吧。」

從「早安」開始，到晚上就寢的「晚安」為止，這段時間內做的每件事，都要一一說給自己聽。至於訣竅，就是把自己當成是媽媽或幼稚園老師去做。

在心中默念當然也可以，不過在沒人的地方時，還是用自言自語的方式出聲說說看吧。

超越時空，療癒過去的自己

一旦這麼做，就能對內在的孩子發出「我始終為你著想」的訊息，讓他感到安心，覺得「有人重視我」「有人關心我」。

潛意識沒有時間的概念，所以能穿越時空，療癒過去的自己。

或許你會覺得這麼做很蠢，剛開始做的時候，也可能有點難為情。

不過實際做過後就會知道，這真的有安神作用，能消除沒來由的不安和寂寞，使心情逐漸平穩下來。

這是能立即感受到變化的練習，十分推薦各位試試看。

百分之百讓伴侶開心的神奇話語

最後，我要傳授讓伴侶間感情瞬間變好的祕招。

或許你會想：「怎麼可能有這種方法？」別懷疑，這是真的！

不過一開始要先記得一件事，就是男性和女性的思考傾向不同。這導致男女對於生活中該重視什麼事物，也有不同的價值觀。

對男性來說，最重要的是社會地位。許多男性會說「要有穩定的收入才能結婚」，就代表他們認為必須獲得社會的認同，才能讓配偶放心。

所以男性遭遇裁員時，對他們真是一大災難。他們會深受打擊，認為自己「沒有活下去的價值」，有人甚至會走上自殺一途。

另一方面，遭到裁員這種事並不會讓女性氣餒。女性會當機立斷地告訴自己「這種公司不算什麼！」立刻走下一步，真的非常堅強。

雖然女性和男性一樣，出外打拼事業的人也愈來愈多，但女性看重的卻不是社會地位。

那對女性來說，到底什麼才重要呢？答案就是「共感」。

以裁員為例，讓女性受打擊的並非裁員本身。我們在意的是「經理為什麼不找我談談？」「為什麼不問我的想法？」覺得上司不考慮我們的心情。

因此在夫妻關係中，妻子也認為丈夫是否願意聽自己說話，了解自己的心情，要比工作上的晉升來得重要。

這也難怪當丈夫每天以「我很忙」為由晚歸時，妻子會感到不耐煩了。

一旦妻子認定「反正丈夫就是不想聽我說話」，就不會有心思說「歡迎回來」。

即使丈夫在內心吶喊：「我是為了妳才這麼努力工作……」妻子也完全感受不到。

於是「每天回家都為妻子心情膽戰心驚的丈夫，以及用冷淡態度迎接丈夫的妻子」，就這樣成為了日常的構圖。

要是一直放任不管，無疑會演變成婚姻危機。如果不想讓情況變成這樣，就要由共感能力高的我們女性主動出擊。

在這裡，我要傳授能讓夫妻關係迅速好轉的神奇咒語。

首先，當丈夫到家的電鈴聲響起時，妻子要去玄關迎接。等大門「喀擦」一聲打開後，妻子就要像招財貓一樣在胸前雙手握拳，歪著頭說：

「歡迎回來喵♡」

看到這裡的各位太太，先別急著害羞地大喊「什麼——！」。

在社會上，男性常因各種摩擦而情緒緊繃，整個人硬梆梆的，所以這種無厘頭的話語能讓他們卸下防備，把家當成能安心放鬆的地方，而且這麼做也挺可愛的吧。（咦，難道不會嗎？）

總之，這個舉動絕對能百分之百讓世上的丈夫開心。雖然他們一開始難免會有點尷尬，驚訝地追問：「妳、妳怎麼了!?」但如果每天都做，他們就會變得欲罷不能，甚至有些人還會回答：「我回來了喵♡」（笑）

而且我學校的學員也親身證實，她們嘗試後不但夫妻感情變好，還附帶丈夫「職位上升」、「薪水增加」等額外的效果。

相反地，我給丈夫的建議不是什麼咒語，而是送太太一束玫瑰。

有句話說：「每天都是玫瑰色。」由此可知，很多人都被灌輸「玫瑰象徵幸福」的觀念，而且這種幸福感也會帶來真正的快樂，讓好事如奇蹟般接二連三發生。

請大家務必嘗試看看。

Part 5 重點歸納

認定自己
「是被人所愛的」。

你真正的想法，
潛意識都知道。

禁止說
「好男人都
已經結婚了」。

理想對象
所具備的條件，
你身上也有。

Part6

只要察覺，錢財就會滾滾來！

3億日圓的額外收入從天而降

「如果利用思考的機制，是不是也能實現致富的夢想？」

針對這個問題，我的答案當然是「能」。現實是百分之百由自己的思考所創造，沒有任何例外。**想成為富翁卻一直失敗，就是因為「反正我辦不到」的消極思考所占份量更多。**

反正家裡也很窮，自己不可能變得比父母有錢。

反正自己只是上班族，薪水絕不可能突然暴增。

會認定「不可能」，都是刻板印象在作祟。

既然如此，我就來分享一個能讓你的刻板印象瞬間瓦解的故事吧。

主角是來思考的學校上課的M。他是個普通地結婚成家，在普通公司裡普通地工作的上班族。

平凡的M在開始學習思考後不久，就馬上在他任職的公司領到一筆額外收入。你覺得是多少呢？10萬日圓？100萬日圓……？不不，才不只這樣呢。

這筆收入的金額，竟高達3億日圓！很驚人吧。

首先要給別人帶來喜悅

為何一介普通的上班族，能拿到如此鉅款呢？

這不是因為他在潛意識植入「我想要鉅款、我想要鉅款、我想要鉅款……」的想法。

M所做的，也是去面對童年的記憶。他回顧自己和雙親、手足間的種種回憶，最終察覺到「自己能活到現在，都是多虧了父母滿滿的愛和付出」。

於是M就決定：「接下來輪到我把父母給我的愛，分享給身邊的人了。」當他在公司實踐這個理念時，腦中浮現出一個點子。他想，如果設計出能提高作業效率的系統，所有員工應該都會很高興才對。

後來M這個點子的成品獲得公司採用，還申請到專利，公司也因此付給他3億日圓的專利使用費。

話說回來，M之所以開始學習思考，就是因為「想改善家裡每月開支有10萬日圓的缺口」，沒想到這份從天而降的好運，竟遠遠超過10萬日圓。

聽說在那之後，M不但還清自家的房貸，還買下兩間公寓。他和妻子的感情也十分融洽，過得非常幸福。

要先為眼前的人帶來喜悅，財富才會跟著來。

比方說，如果餐廳提供最美味的料理，滿足客人的味蕾，就能形成風潮；如果販售的商品能解決困擾大家的問題，就會熱賣狂銷。

這麼一想，就能明白為什麼M能得到這麼大筆的財富了。

嘴上說想要錢，內心卻憤怒地想著「我這麼努力工作，薪水卻這麼少」「公司都不承認我的努力」，那這份怒氣也只會成為迴力鏢。請放下憤怒，試著想想「我能為公司做出什麼貢獻」「要怎麼做才會對世界有幫助」吧。

這麼一來，財富必定會隨之而來。

竟然有錢用不完的花法!?

我們日本人從以前就有「清貧方為美德」的價值觀。

或許是因為這樣，即使到現在，依然有很多人覺得在別人面談論金錢，是非常「不得體」的事。

舉例來說，雖然我的處女作《宇宙一ワクワクするお金の授業（宇宙第一興奮的財富課，暫譯）》託各位之福大受好評，卻只因為封面有「財富」二字，就被一些長輩嗤之以鼻，甚至語帶諷刺地說：「哎呀，怎麼這麼貪心！」「這世上的人就這麼想當有錢人嗎？」

可是這種說法，不就是從負面的角度看待金錢，認定「有錢人＝把錢視為一切的拜金主義者」嗎？

其實，只要用錢的方式正確，金錢可以帶來美好的體驗。

- 跟朋友出去吃飯。
- 送父親生日禮物。
- 找夥伴一起旅行。
- 看電影或演唱會。

從這些例子來看，雖然錢本身用了會減少，卻也能留下愉快的回憶。從「謝謝你」、「好開心」等話語中，可以獲得正面的能量。就算錢減少，還是能換來豐富的心靈。

所以對於「我想成為有錢人！」的夢想，我是舉雙手贊成。

大家應該都想基於健全的慾望，賺進大把鈔票，然後開心地花掉吧。

消除對金錢的不安

但要注意的是，金錢常常跟恐懼綁在一起。

比方說，如果你每次付錢時，都會痛苦地想著「又減少了」、「好可惜」，就代表潛意識藏著「沒錢的話，該怎麼辦」的恐懼。

一旦萌生這種恐懼，不管有多少錢都無法安心。

以前我有一個朋友，是家境非常富裕的太太。她住在市中心精華地帶的高級大廈裡，坐的是名車，穿的是名牌。她的孩子都在一流的企業上班。從旁人的角度來看，她應該過得無憂無慮才對。然而，她卻總是在擔心害怕。

「丈夫馬上就要退休了……」「萬一被壞人騙了怎麼辦……」

也就是說，對金錢的不安和金額完全無關。再進一步分析，會發現他們不是對金錢本身感到不安，而是童年時感受不到充分的愛。只要治好這種匱乏感，對金錢的不安也會跟著減輕。

「為了以防萬一」存錢，就會有「萬一」

有人擔心自己沒錢，充滿恐懼和不安，於是盡可能節省花費，拼命存錢。當然節約和儲蓄本身並非壞事。

只不過，思考會確實地化為現實。

反過來說，既然為了消除恐懼和不安而存錢，那麼發生讓人恐懼和不安的事，也就不足為奇了。

比如某天突然病倒、遇上事故或麻煩等等。

我有朋友一直「為了以防萬一」而存錢。某天他突然得了重病，治療費非常高昂。

雖然我朋友笑著說：「太好了，我就是為這時候存錢的。」但他錯了。就是因為怕遇上某些事而存錢，才會遇上那些事。

同理可循，就是因為「對老年生活感到不安」而存錢，遭到詐騙等真正的不安才會化為現實。

如果要存錢，最好是為了積極的目的，比如「等退休後移民到國外」「為了考證照去上課」等等。

「提高某人的價值，錢財自然入袋」的法則

諮詢時最常遇到的煩惱之一，就是「丈夫的薪水一直沒提高」。

在交談中，幾乎每個妻子都會抱怨「我家老公是無法出人頭地的魯蛇」「因為沒有專業技術，總是高不成低不就」，還真是口無遮攔呢（笑）。她們會大吐苦水，或許有一半是為了消除壓力，但也正是這種對丈夫先入為主的偏見，才會創造這樣的現實。

想解決這種情況，首先要察覺「是我創造出薪水遲遲不漲的丈夫」。然後，你要像前面重新檢視跟父母的關係時一樣，寫下丈夫的優點。

‧會幫忙帶小孩。

‧即使自己的零用錢很少，還是會把薪水全部交出來。

‧總是很關心我娘家的父母。

光是這樣，不就是一個好丈夫了嗎！

承認這些優點後，要在心中道歉和道謝：「對不起，以前總是埋怨你。謝謝你一直照顧我。」（當然當面說也很好）

之前那些來諮商的太太在實踐這個方法後，幾乎所有丈夫的收入都提高了。

其中還有丈夫退休後回公司工作，薪水大幅提高的案例。連那位先生本人也很吃驚，直說：「這在我們公司，可以說是特例中的特例。」

認同自己的價值

我一路走來，看過許多和金錢有關的案例，因此確認了一件事。

那就是「當你讓身邊的人提升，錢財就會突然到來」的法則。這裡所謂的「提升」，意思是要尊敬對方，認同對方的價值，並好好珍惜對方。

當我們對待家人時，常仗著關係親近就態度蠻橫，看不起對方。但事實上，不論是丈夫（伴侶）還是父母，他們才是一直陪伴我們，付出關愛的人。

而且，還有一點更重要。

最需要「提升」的人，其實是你自己。你要更認同自己的價值，更珍惜自己。

只要你把自己貶低成「我這種人」，財運就不會眷顧你。

一旦提升自己的價值，符合價值的錢財便會滾滾而來。如果是有投資理財的人，也會遇到持有的股票價格上漲的驚喜。

能提升自我的生活習慣

最後我要介紹有助於「提升自我」的習慣，希望各位能牢記在心。

① 保持房間整潔

第一個習慣是打掃房間。據說進行斷捨離後，運氣會變好。從思考的機制來看，這說法的確有道理。

東西亂七八糟，沒有整理，代表自己的思考也一團混亂。這等於是用草率的態度來對待自己。有重要的客人要來時，大家都會為了怕丟臉而打掃房間，準備乾淨的拖鞋和毛巾。**同理可循，我們也要把自己當成最高級的貴賓，讓房間隨時保持乾淨舒適的狀態。**

② 去見理想的人

另一個習慣是找到符合自己的理想，看起來很幸福的有錢人，然後盡可能增加見到對方的次數。你可以去對方可能出現的場所，參加對方舉辦的讀書會或演講也不錯。

自己思考中沒有的想法，不會化為現實。**所以最好拿理想的人當參考，模仿對方的言行舉止和思考模式，將其深深鐫刻在潛意識裡。**

Part 6 重點歸納

就連上班族
也能成為
億萬富翁。

拋開所有
與金錢有關的
不安和恐懼。

察覺身邊的人
有哪些優點，
就能提升財運。

用「提升自我」
讓自己成為
適合當富翁的人。

Part7

實現夢想的思考法

讓「喜歡」成為夥伴

讓現實好轉的最強思考，就是「喜歡」。

我們每天行動時，都會下意識地以「喜歡」為燃料。

比如說，家附近有很多美容院時，你會以什麼標準選擇呢？

喜歡裝潢的氣氛、喜歡的美容師、喜歡實惠的價格……等等，每個人都依照自己心中「喜歡」的價值觀來選擇，不是嗎？

因為喜歡那部電影，所以去看。

因為喜歡那片景色，所以去那裡旅行。

因為喜歡那個人，所以去見他。

「喜歡」真的是我們一切行動的原動力。

而且「喜歡」的力量強大無比。

比方說，你平常總是很難起床，但若是為了喜歡的興趣，或是和喜歡的人約會，相信當天不用鬧鐘響，你自己就會清醒過來。

如果是為喜歡的明星存追星的費用，就算去打工，你也會甘之如飴♪

為什麼「喜歡」的力量會如此強大？

這是因為「喜歡」是由自己當主角，有主體性的積極思考。假如是別人強迫你去做，又會如何呢？應該會感到興致缺缺，一點氣力和幹勁都沒有吧。

然而，就算知道這一點，跟「喜歡」相比，我們的心思還是更容易被社會上「應該這樣」「不做不行」的觀念佔據。

因為以前父母就會叮囑我們「要這麼做」。

你才○歲，不能太得意忘形。

你都出社會了，那樣很丟臉。

結果你愈來愈搞不懂自己真正的想法，開始覺得人生乏味，焦慮感上升。

利用練習，儲存「喜歡」的思考

你可以翻到175頁進行練習，再次確認自己的「喜歡」。

寫下所有喜歡的事物、地方、物品和音樂……不管是什麼，盡量寫出來。透過書寫，你應該能慢慢回想起那些被潛意識遺忘的「喜歡」。

這個練習的好處，是能夠無條件地大量收集「喜歡」的思考，在潛意識中不斷累積。這樣一來，讓你感覺「好喜歡」、「好開心」、「好興奮」的事，就會接二連三發生。

自行創業的情況也一樣。如果是從事服務業，就會有更多顧客因為「喜歡你這個人」而成為常客。

此外，「還不知道將來要做什麼」的人也可以放心。在你寫下的「喜歡」中，應該會有讓你產生「咦？我好像喜歡跟寵物有關的事物」「我喜歡吃東西」之類的想法，可以作為將來就業參考的提示。

總之，這是一個充滿各種樂趣的練習。

思考會在睡眠時牢牢地安裝進潛意識中，所以晚上睡覺前做效果最好。

享受人生，就能變得更幸福

讓喜歡成為夥伴後，接著就來到「享受」的境界。

我在Part3中曾提過，運動選手若想更上一層樓，關鍵就在於拋開對勝負的執著。不過，如果要往更高層次邁進，方法就是享受。奧運選手在賽前接受訪問時說：「我會享受這場比賽！」就是這個道理。

「享受」這種感情，能讓自己保持在愉快的狀態中。

當我們感到愉快，腦內就會分泌腎上腺素和多巴胺等活性成分，能量也會泉湧而出，進入我們最愛的興奮狀態。

感到興奮時，就算沒人拜託你，你也會主動去做。不必想著要拿出幹勁，身體自然就會行動。不管是工作還是興趣，做再少也不會感到疲憊。體育界稱這種狀態為「In The Zone（進入心流狀態）」。一旦進入這種全神貫注的狀態，連球看起來都像靜止一樣，不用費力就能交出好成績。

我們的人生也一樣。如果每天帶著興奮的心情生活，應該各方面都能像這樣一帆風順吧。

我覺得，人生是為了享受而存在。

每個人都應該拋開顧忌，去找出、享受更多「喜歡」。一旦你樂在其中，周圍的人也會迎來開心又快樂的現實。

檢視
自身的思考
練習❻

在潛意識中累積「喜歡」的思考

為了收集擁有強大力量的「喜歡」思考，讓現實好轉，
請寫下你最喜歡的事、最喜歡的物品等等。

1. 請盡量回想和寫下令你感到「喜歡」的事物，像是喜歡的事、喜歡的地方等等。

-
-
-
-
-
-
-
-
-
-
-

實現夢想的3個步驟

看到這裡，相信你已經充分理解「現實是百分之百由自己的思考所創造」的道理了。

所以，要怎麼實現夢想呢？沒錯，**就是讓「想成為這樣」的思考不斷增加，以吸引這樣的現實。至於現在讓你不喜歡的現實，只要改變自己的思考，也可以重新創造。**

或許有人會反駁：「不不，我已經在腦中描繪幾萬次『想成為這樣』的夢，可是都沒有實現啊。」

我猜他們很可能已經來到差一步就能實現夢想的關鍵點，只可惜因某個原因而功虧一簣。

所以接下來我要傳授按順序實現夢想的訣竅。這樣一來，相信你一定能察覺到自己正卡在哪個階段。

首先作為大前提的思考法則①

成為現實的速度和思考的量成正比

（請參照115頁）

換句話說，當思考的量愈多，成為現實的速度就愈快，反之則愈慢。

而且隨著思考的量不同，夢想也會分階段逐步實現。

為了方便理解，我以「夢想是結婚」為例進行說明。

◎第1步

在你決定「好，我要結婚」的當下，這個思考在潛意識中的份量仍寥寥無幾。

所以你的夢想會在距離自己較遠的地方實現，比如無意間看到演藝人員結婚的新聞。

◎第2步

你累積更多「想結婚」的思考，也做了許多努力，比如實踐本書吸引理想伴侶的練習（123頁）。

在這個階段，夢想會在距離自己較近的地方實現，比如遇到熟人或公司同事結婚。

◎第3步

你又累積了更多思考。在這個階段，夢想會在距離自己更近的地方實現，比如遇到好友或手足結婚。

這裡用到的思考法則②
思考的量和實現的距離成反比

從演藝人員⬇熟人或同事⬇好友或手足的進展過程能看出，當思考的量愈少，夢想實現的距離就愈遠，反之則愈近。

好了，接下來是重點。

當演藝人員或職場同事結婚時，你大概只會說「哦？」沒什麼感覺。不過到了好友或手足結婚的階段，心情可能會相當動搖。

好友得到幸福，本該是喜事一樁，你卻無法坦率地恭喜對方，內心妒火中燒，然後開始自暴自棄，暗自埋怨「夢想果然無法實現」「反正只有我結不了婚」。

事實上，好友和手足結婚是你思考的結果。如果不去想，就不會成為現實。

既然距離已經如此靠近，就代表只差臨門一腳。

不過不了解思考機制的人，會在這個階段受妒意影響，變得自暴自棄。我在開頭時提到的「夢想沒有實現」的人，恐怕也是在這個階段受到挫折吧。

「不行」、「不可能」之類的負面思考，會以驚人的速度在潛意識中累積，最終成為現實。好不容易來到第三階段，最後卻得到「結不了婚」的現實。

當夢想在你身旁實現時，就是潛意識在提醒「接下來輪到你」的信號，根本沒必要嫉妒。

你只需要發自內心地祝賀好友或手足：「太好了，恭喜！」然後抱著興奮的心情，期待輪到妳的那一刻就好。

不僅是結婚，包括留學、找到喜歡的工作、買房子等等，無論是哪個夢想，都同樣依照這３步驟實現。

相信能讓你歡呼「來了、來了、終於來啦——！」的那一天，一定會到來的。

負面經驗是指向幸福的羅盤

「我根本沒有要創造這樣的現實！」

你應該也遇過讓你想這麼吶喊的事吧。

例如公司破產 ⬇ 是公司的錯，是景氣不好的錯。我根本沒辦法做那樣的操作吧！

遇上交通事故 ⬇ 都怪對方不小心，我只是偶然經過那個路口罷了。

沒錯，用顯意識來想的確如此。**但吸引這個事態的，確實是你的思考。**選擇未來會倒閉的公司，很可能是潛意識某處藏著「不想工作」的思考。遭遇交通事故的人，也往往懷著某種不滿，擁有攻擊性的思考。

然而，其實雙方都沒有錯。當然受害者一定感到滿腹委屈。這麼說可能有點失禮，先在這裡致上歉意。

只是我想表達的是，像這種會帶來強烈衝擊的事件，也正是讓我們察覺自己思考，得以重頭來過的大好機會。

病痛也是思考所創造

病痛也是同樣的道理。

其實我在40多歲時，曾被診斷出罹患乳癌。

當時我因為夫妻關係而煩惱不已，大家都說癌症是必死的病，但我根本無力去管，只覺得掙扎沒用，甚至有「乾脆一死百了」的念頭。

由於當時我已經了解思考的機制，當醫生告訴我得了癌症時，我並不驚訝，反而覺得「原來如此，這也難怪」，心情出奇地冷靜。

但我畢竟還有孩子，不能隨便放棄。得癌症應該是潛意識的警示，提醒我「該放棄消極的想法了」。因此，我決定改變自己的思考方式。

「一直以來真是抱歉。謝謝你讓我察覺到這一點。」

我向自己道歉，心中對自己生病一事充滿感謝。

在那之後，我也接觸到「快醫學」這種主張引出自然治癒力的自然療法。後來雖然癌細胞轉移到淋巴，沒想到卻在3個月內消失無蹤，既沒有動手術，也沒服用抗癌藥。

只要重新檢視思考，就能迎向如此美好的未來。

所以請各位不用擔心，不管發生什麼事都不要緊。即使一開始會感到痛苦，也一定能成為指向幸福的羅盤。請擁抱這個信念，帶著興奮的心情來享受人生吧。

疾病和思考的關係

疾病的起因有百百種，其中心理狀態帶來的影響也很大。

當某個器官出現不適時，可以參考下方的說明，分析自己的負面思考傾向。

肝臟	據說跟憤怒的情緒有關。你心中是不是正為了某個人事物生氣呢？
胃	承接吃下的食物，進行消化的器官。你是不是因為無法容許某件事，比如「不想接受調職的命令」而感到痛苦呢？
腸	據說是跟判斷有關的器官。你最近是不是遇到遲遲無法下決定，讓你陷入迷惘的事呢？
肺	跟悲傷、痛苦有關的器官。你可能在不知不覺間累積起深沉的打擊和孤獨感。
子宮 乳房	跟女性特性有關的器官。這兩處生病，代表伴侶關係和女性特質等「接受別人的部分」可能受到動搖。

Part 7 重點歸納

只要收集
很多「喜歡」，
夢想就會實現。

如果人生
過得「很享受」，
一切都會
愈來愈順利。

當好友
實現夢想時，
再來就輪到你了！

看似不幸的現實，
是重新來過的
好機會。

現實是百分之百由我創造！
不管遇到什麼事，只要你這麼想，
就不會怪罪他人，能活得瀟灑凜然。
無論什麼願望，你都能輕易實現。
未來是可以靠自己自由自在地設計的。

請相信自己身上藏著

能將夢想化為現實的強大力量。

活著這件事

將變得更快樂，也更有趣。

大石洋子　敬上

後記

如果和本書相遇，能稍微讓你心情更輕鬆、更充滿希望，那就太好了。

我有很多想感謝的人。

首先，我要感謝我的父母，以及總是支持我的兒子。

再來要感謝的，是超積極享受人生的超級編輯山浦、幫忙時令人懷疑是不是被我的心情感染的超級寫手金原，以及總是為我包辦一切出版事宜的飯田。

還有把我的著作推廣給更多人知道的大王——櫻庭露樹。

總是幫我開讀書會，思考學校的講師們。
最後是一直擔任我的心靈支柱的けんじ。
真的非常感謝各位。
謝謝你們讓我沐浴在始終不變的愛之中。
今後我將以宮增侑嬉的名義繼續活動，還請各位多多指教。
二〇二三年四月十八日

大石洋子（宮增侑嬉）

【作者簡介】

大石洋子

一般財團法人　思考的學校　校長

30歲時喜獲一子，但丈夫工作忙碌，只能獨自育兒，因而罹患產後憂鬱症。產前在家中開設精油按摩沙龍。雖然產後又重新開張，繁重的業務卻導致夫妻感情惡化，最終以離婚收場，從此人生處處碰壁，陷入低潮。直到學習「思考會實現」的機制，加以實踐，現實才開始往好的方向發展。為了讓更多人了解「思考會實現」的機制，開辦了財團法人「思考的學校」，以10年以上的心理諮商經驗為基礎，解說的方式淺顯易懂，廣獲好評。目前的主要業務為舉辦心理諮商和師資培育認證的講座。「思考的學校」有超過1萬名學員。著作有《宇宙一ワクワクするお金の授業》（すばる舎）、《7日間でなりたい私になれるワーク》（あさ出版）。

ブログ https://ameblo.jp/ariettyarietty/
思考の学校 公式HP https//shikounogakkou.com/
思考の学校 YouTube https://www.youtube.com/@yokoooishi

思考的力量
察覺帶來的人生轉變

出　　版／楓書坊文化出版社
地　　址／新北市板橋區信義路163巷3號10樓
郵政劃撥／19907596 楓書坊文化出版社
網　　址／www.maplebook.com.tw
電　　話／02-2957-6096
傳　　真／02-2957-6435
作　　者／大石洋子
翻　　譯／謝如欣
責任編輯／吳婕妤
內文排版／洪浩剛
港澳經銷／泛華發行代理有限公司
定　　價／360元
初版日期／2025年3月

國家圖書館出版品預行編目資料

思考的力量：察覺帶來的人生轉變 / 大石洋子作；謝如欣譯. -- 初版. -- 新北市：楓書坊文化出版社, 2025.03　面；　公分

ISBN 978-626-7548-57-8（平裝）

1. 思考 2. 自我實現

176.4　　114000909